OXFORD LATIN COURSE
COLLEGE EDITION
Readings and Vocabulary

OXFORD LATIN COURSE
COLLEGE EDITION
Readings and Vocabulary

Maurice Balme

James Morwood

New York   Oxford
OXFORD UNIVERSITY PRESS

Oxford University Press, Inc., publishes works that further Oxford University's
objective of excellence in research, scholarship, and education.

Oxford   New York
Auckland   Cape Town   Dar es Salaam   Hong Kong   Karachi
Kuala Lumpur   Madrid   Melbourne   Mexico City   Nairobi
New Delhi   Shanghai   Taipei   Toronto

With offices in
Argentina   Austria Brazil   Chile   Czech Republic   France   Greece
Guatemala   Hungary   Italy   Japan   Poland   Portugal   Singapore
South Korea   Switzerland   Thailand   Turkey   Ukraine   Vietnam

For titles covered by Section 112 of the US Higher Education Opportunity Act,
please visit www.oup.com/us/he for the latest information about
pricing and alternate formats.

Published by Oxford University Press, Inc.
198 Madison Avenue, New York, New York, 10016
http://www.oup.com

Oxford is a registered trademark of Oxford University Press

Library of Congress Cataloging-in-Publication Data
Balme, Maurice.
  Oxford Latin course / Maurice Balme, James Morwood — College edition.
    volumes cm.
  ISBN 978-0-19-986296-2 (volume 1) — ISBN 978-0-19-986297-9 (volume 2)   1. Latin language—Text-
books.   2. Latin language—Grammar.   I. Morwood, J.   II. Title.
  PA2087.5.M674 2012
  478.2'421—dc23

                    2011044996

About the Cover: This is a section of the beautiful wall paintings in the Villa of the Mysteries at Pompeii in
Southern Italy. The subject of the paintings is disputed but they may well illustrate the initiation of a woman into
the mystery cult of the god Dionysus. They date from the first century BC and are therefore contemporary with
Horace, the subject of our Readings. The figures in the paintings are life-size.

Pri
Print Number: 9 8 7 6
anada

Contents

Introduction

THE COLLEGE EDITION

This new college edition of the *Oxford Latin Course* is a major revision in format, organization and design and is primarily aimed at American college students. First of all, it is in two volumes, the first of them (this one) containing the readings (the story of the life of Horace round which the course is based), the second containing all the necessary grammatical and cultural explanations as well as a large number of practice exercises. The previous three-volume course has been significantly reduced so as to fit into the typical two-semester sequence of a year's college teaching. The new formatting means that instructors and students can make their own decision about where to make the break at the end of the first semester. They can also determine how best to use these two interdependent books. In teaching sessions it may be helpful for students to have both of them open in their work space so that they can be referred to at the same time. Some instructors, however, may feel that the *Grammar, Exercises, Context* book should remain firmly closed—or only temporarily open—until the relevant reading has been completed. The format allows for such flexibility. Both volumes are illustrated in color, with a new set of cartoons directed at a more mature readership and new design features aimed at facilitating learning. We have had the benefit of advice from some experienced US teachers. Above all, we are extremely grateful to Charles Cavaliere of the Oxford University Press in New York for giving us the opportunity to refashion our course for the American college student—indeed, for all adult Latin-learners—in these exciting ways.

The general principles on which the course is constructed remain unchanged. Our aims have been to enable the student

1. to develop a competence in the Latin language;
2. to read, understand, appreciate and make a personal response to some of the literature in the original language;
3. to acquire some understanding of the civilization within which Latin literature was produced;
4. to develop a sensitive and an analytical approach to language by seeing English in relation to a language of very different structure and by observing the influence of the ancient language on our own.

No knowledge of any other foreign language is required: a glossary explains any unfamiliar terms.

The main difference between this edition and its predecessors is that, in allowing for the greater maturity of the students, the course has become more concentrated and more closely focused on the life of the poet Horace. Some of the cartoons which began each chapter have been replaced by pattern sentences which, like the cartoons, illustrate the grammatical concept that is being introduced. The commentary (in the companion *Grammar, Exercises, Context* volume, referred to as GEC below) which accompanies each narrative explains linguistic difficulties and also includes contextualizing material. Longer contextualizing essays are still a feature, but they are now followed by suggestions for further reading rather than the original simplistic questions which will strike an adult readership as jejune.

WHY HORACE?

The choice of Horace as the central character has several advantages. First, his life covers the end of the republic and the Augustan revolution, the period of the Golden Age of Latin literature, which is the reading target at which we aim; and since Horace was involved in these great events, students acquire some understanding of the historical background to this literature. Second, Horace was an exact contemporary of the younger Marcus Cicero, to whom, at the cost of some bare-faced fiction, we give a major role in the story; this enables us to introduce his famous father, the one man about whom we know at first hand even more than we know about Horace himself. Third, his friendship with Virgil enables us to prepare the way for students to read the greatest of the Roman poets. When they come to read Caesar, Cicero and Virgil, the authors will be old friends, or at least acquaintances, whose social and historical background is already familiar. The literature will not, we hope, seem remote and unreal but related to what the students have already read as well as relevant to their own experience.

Lastly, Horace's stay at the university in Athens enables us to sketch in some of the Greek background to Roman literature; without some knowledge of this, Roman poetry simply does not make sense, for, as Horace himself says:

> *Graecia capta ferum uictōrem cēpit et artēs*
> *intulit agrestī Latiō.*

> Greece captured took its wild conqueror captive and brought the arts to rustic Latium.

> (*Epistles* 2.1.156–7)

And so we intend that everything in the course should contribute to the overriding aim of preparing students to read the literature of the Golden Age with sympathetic understanding and intelligent appreciation.

LINGUISTIC PRINCIPLES

We have tried to combine the best features of the modern and the traditional methods of teaching Latin. From the modern method, we accept that the aim of any Latin course should be the acquisition of reading skill and that everything else, linguistically speaking, should be subordinate to this aim. Hence translation from English into Latin is used only as an adjunct, to practice grammatical forms and concepts; for this purpose, we believe it has an important role in the early stages.

Second, we accept that the Latin language should be taught in a Roman context, so that understanding of the language and the culture proceed hand in hand.

Third, we accept that the acquisition of reading skill is in part an inductive process; that is to say, the student learns from experiencing the language as an instrument conveying meaning, not simply by analysis. As a broad principle we believe that students should first read with understanding (and, if required, translate) and then study the grammar and syntax they have already met in context. We do not insist on a rigid application of this principle; if experience suggests that in some cases it is more helpful to do so, instructors may wish to follow the traditional method and explain the grammar before reading the narrative.

Although we accept what we have called an "inductive" approach, we also believe firmly in the necessity of learning vocabulary and grammar thoroughly. We do not hold that "immersion" in the language will enable students to form a "personal grammar" as we do in our native language. We tabulate all grammar in the traditional form, though the order in which we introduce it is not traditional. But it remains true that the first experience of new grammar and syntax always occurs before explanation, in the captions below the cartoons or the pattern sentences which introduce each chapter. Moreover, we believe that in fact students can, after understanding the cartoon captions or thinking about the pattern sentences in every chapter, go straight on to the narrative and read it with understanding.

While we hope that our explanations of Latin grammar and syntax are clear and helpful, they are essentially directed towards the translation of Latin into English. More detail—and a greater emphasis on English into Latin—can be found in J. Morwood, *A Latin Grammar* (Oxford, 1999). In addition, further exercises on every construction can be found in this book.

CHAPTER VOCABULARIES

We have put the chapter vocabularies before the narrative. We do not recommend that students should learn these vocabularies until after the narrative has been read (vocabulary sticks better if it has been encountered in a context), but their reading will be more fluent if they have first glanced through the lists of new words.

RESPONDĒ LATĪNĒ (REPLY IN LATIN) EXERCISES

In almost all the chapters, some part of the narrative is immediately followed by questions in Latin to be answered in Latin. It is intended that these exercises should be done orally and quickly, and as soon as the relevant part of the narrative is completed. Students must answer in a complete sentence in correct Latin.

ADDITIONAL LEARNING RESOURCES

- An Instructor Book (978-0-19-987831-4) that provides English translations for all of the readings, cartoons, pattern sentences and exercises in both the *Readings and Vocabulary* and the *Grammar, Exercises, Context* volumes.
- A Companion Website at www.oup.com/us/morwood containing grammar and syntax drills, flashcards for vocabulary review, phonetic pronunciations and instructional materials.

ACKNOWLEDGMENTS

We offer warm thanks to our colleagues who read through the manuscript, especially Stephen Anderson, Keith Maclennan and David Noe. We are very grateful to them for their scholarship and their sensitive grasp of Latinity. We also appreciate the many insightful suggestions offered by several outside readers, including David Christensen, University of Arizona; Zoe Kontes, Kenyon College; Victor A. Leuci, Westminster College; Robert D. Luginbill, University of Louisville; and David Noe, Calvin College. Their advice helped to greatly improve the manuscript, and any mistakes we failed to correct are of course our own. Lastly, we pay tribute to the dedication of the New York Oxford team, especially Shelby Peak, production editor, and Lauren Aylward, assistant editor, and to Sarah Newton, all of whom played key roles in bringing the publication to fruition.

Maurice Balme
James Morwood

Pronunciation

In learning any foreign language it is essential to pronounce the language correctly. Latin sounded very much like modern Italian or Spanish. Most of the consonants were pronounced much as they are in modern English, but the vowel sounds were like those of Italian.

CONSONANTS

c is always hard, as in **c**at (never soft as in ni**c**e).

g is always hard, as in **G**od (except when it is followed by **n**; **gn** is sounded **ngn**, as in ha**ngn**ail, so **magnus** is pronounced **mangnus**).

h is always sounded, as in **h**ope.

i is used as a consonant as well as a vowel; as a consonant it sounds like the English **y**; so Latin **iam** is pronounced **yam**.

q is never found except when followed by **u**, sounded as in English **qu**ick.

r is rolled, as in Scottish, and is always sounded, so in Latin **sors**, for example, both **r** and **s** are sounded.

s is always soft, as in **s**it (never like **z**, as in ro**s**e).

u is used as a consonant as well as a vowel; as a consonant it is pronounced like English **w**; so **uīdī** sounds **weedee**.

The other consonants are pronounced like their English equivalents.

Where double consonants occur, as in si**tt**ing, both consonants are pronounced; so **ille** is pronounced **il-le** (**l** is sounded twice).

VOWELS

The five vowels each have a long and a short version:

a short, as in English c**u**p (not as in c**a**p).

ā long, as in English f**a**ther.

e short, as in English p**e**t.

ē long, as in English **ai**m.

i short, as in English d**i**p.

ī long, as in English d**ee**p.

o short, as in English p**o**t.

ō long, as in English f**oa**l (Spanish t**o**do, French b**eau**).

u short, as in English p**u**t.

ū long, as in English f**oo**l.

To make pronunciation easier, we have throughout the course put a long mark (ā, ē, ī, ō, ū) over all long vowels; all vowels without such a mark are short. These are guides to pronunciation. Do not include them when you write Latin.

Now sound aloud the five vowels in Latin pronunciation, each one first in short form, then in long. Do this several times until you are thoroughly familiar with the sounds.

The vowel sounds in Latin are constant, that is to say short **a** is always pronounced as in c**u**p, long **ā** always as in f**a**ther, etc.

Next say aloud the following Latin words with correct vowel sounds:

amat, amāmus, bibō, cēna, colō, comes, ducis, dūcō, ferimus, fīlia, pācis, pōnō, prīmus, lūce, lītus.

Read again what is said above about consonants and say aloud the following Latin words:

uēnī, uīdī, uīcī, uīnum, rēgis, partem, urbis, morte, patrēs, carmen, iam, iaciō, eius, cuius, magnus, possum, annus, mittō, immemor, succurrō, immortālis.

DIPTHONGS

A dipthong is two vowels making one sliding sound:

ae   as in English h**igh**.
au   as in English h**ow**.
ei   as in English **ei**ght.
eu   e-u (not a proper dipthong—both vowels are sounded).
oe   as in English b**oy**.
ui   u-i (both vowels are sounded).

Read aloud the following Latin words:

altae, puellae, laudet, caelum, nautae, heu, foedus, deinde, huic, pauper, saepe.

Read aloud the first story in the course (p. 3: *Scintillla in casā labōrat*); do this several times, until you are fluent in pronunciation. At first read slowly and then at an ordinary English reading speed. Always *READ ALOUD* all the Latin you meet before attempting to translate it. Latin should sound like a foreign tongue (most like Italian), not a debased kind of English.

OXFORD LATIN COURSE

COLLEGE EDITION

Readings and Vocabulary

Quīntus est puer Rōmānus.

Quīntus in Apūliā habitat; Apūlia est in Italiā.

Scintilla est fēmina Rōmāna; in casā labōrat.

Horātia puella Rōmāna est; Scintillam iuuat
(she helps); aquam in casam portat.

1

VOCABULARY 1

VERBS	
ambulat	he/she walks
intrat	he/she enters
iuuat	he/she helps
labōrat	he/she works
laudat	he/she praises
parat	he/she prepares
portat	he/she carries
salūtat	he/she greets
spectat	he/she looks at
uocat	he/she calls
est	he/she is

NOUNS	
aqua	water
casa	house
cēna	meal, dinner
fīlia	daughter
puella	girl

ADJECTIVES	
īrāta	angry
laeta	happy
parāta	ready

ADVERBS	
nōn	not
mox	soon

PREPOSITION	
in	in, into

CONJUNCTIONS	
et	and
sed	but

Always use English derivatives to help learn new vocabulary, e.g. **salūtat**: salutes; **spectat**: spectacles; **uocat**: vocation; **īrāta**: irate.

Scintilla in casā labōrat

Scintilla in casā labōrat; fessa est. Horātia in uiā lūdit; iēiūna est, sed cēna nōn est parāta. Scintilla Horātiam uocat. puella casam intrat; Scintillam salūtat et iuuat; aquam in casam portat. Scintilla fīliam laudat.

tandem parāta est cēna. sed subitō Argus casam intrat; cēnam spectat; rapit eam et in uiam fugit. Scintilla īrāta est, Horātia iēiūna. Scintilla aliam cēnam parat. puella laeta est; cēnam auidē dēuorat.

fessa tired	
lūdit plays	
iēiūna hungry	
tandem at last	
subitō suddenly	5
eam it (i.e. the meal)	
rapit he snatches	
fugit runs off	
aliam another	
auidē greedily	

Respondē Latīnē

1. quis (who?) in casā labōrat?
2. quōmodo (how?) Horātia Scintillam iuuat?
3. quis casam intrat?
4. cūr (why?) Scintilla īrāta est? (quod = because)

Argus

Quīntus Flaccum iuuat.

Quīntus et Horātia in uiā lūdunt.

x

◇◇◇◇◇◇◇◇◇◇ PATTERN SENTENCES ◇◇◇◇◇◇◇◇◇◇

colōnus puerum in agrum uocat. colōnī puerōs in agrōs uocant.

puer colōnum salūtat. puerī colōnōs salūtant.

puella fessa est. puellae fessae sunt.

VOCABULARY 2A

VERBS

festīnat   he/she hastens
manet   he/she stays
sedet   he/she sits
ascendit   he/she climbs
cadit   he/she falls
currit   he/she runs
dūcit   he/she leads
mittit   he/she sends
surgit   he/she rises, gets up
it   he/she goes
exit   he/she goes out
redit   he/she goes back, returns

NOUNS

terra   earth, land
cibus   food
colōnus   farmer
ager   field
puer   boy, child

ADVERBS

diū   for a long time
tandem   at last
subitō   suddenly

PREPOSITIONS

ā /ab   from
ad   to
ē /ex   out of

CONJUNCTION

nam   for

(a) Quīntus Flaccum iuuat

cotīdiē Scintilla Quīntum ad agrum mittit; cibum portat ad Flaccum. nam
Flaccus diū in agrō labōrat et fessus est. puer ad agrum festīnat; Argum
sēcum dūcit. mox agrum intrat; Flaccum uocat. Flaccus ad eum festīnat. in
terrā sedet et cibum cōnsūmit.

    Quīntus domum nōn redit sed in agrō manet et Flaccum iuuat. olīuam
ascendit et olīuās dēcutit. Flaccus olīuās colligit. subitō lāpsat Quīntus et ad
terram cadit. Flaccus ānxius est; ad eum currit, sed Quīntus nōn saucius est;
surgit et domum redit.

cotīdiē every day
sēcum with him
eum him

5

domum (to) home
olīuam olive tree
olīuās olives
dēcutit shakes down
colligit gathers, collects
lāpsat slips
saucius hurt

quiēscit rests
quī who
lūdunt are playing
omnēs all

10   tandem Flaccus ab agrō redit. fessus est; in casā sedet et quiēscit. mox Quīntus et Horātia, quī in uiā lūdunt, casam intrant. cēna parāta est. omnēs cibum laetī cōnsūmunt.

Respondē Latīnē

1. cūr (why?) Quīntus in agrō manet? (quod = because)
2. quōmodo (how?) Quīntus Flaccum iuuat?
3. cūr ānxius est Flaccus?

Gathering olives

VOCABULARY 2B

VERBS	
facit	he/she makes, does
audit	he/she hears
inquit	he/she says
adest	he/she is present, is there
adsunt	they are present
sunt	they are

NOUN	
amīcus	friend

ADJECTIVES	**ADVERB**
miser, misera, miserum miserable	**iam** now, already
multus, multa, multum much, many	
alius, alia, aliud other, another	

CONJUNCTION
ubi when

A tavern at Pompeii

(b) Flaccus ad tabernam exit

ubi cēna cōnfecta est, Flaccus in uiam exit. ad tabernam festīnat. ubi tabernam intrat, multī amīcī iam adsunt. Flaccus amīcōs salūtat; sedet et uīnum
bibit. amīcī miserī sunt; multās querēlās faciunt. Seleucus "heu, heu,"
inquit; "diū nōn pluit; agrī siccī sunt." Chrӯsanthus "cibus cārus est," inquit;
"colōnī miserī sunt. sed nēmō eōs iuuat." Philērus "duouirī" inquit "colōnōs
nōn cūrant." aliī aliās querēlās faciunt. sed Flaccus eōs nōn audit; fessus est;
interdum dormit, interdum uīnum bibit. tandem surgit et domum redit.

5

cōnfecta finished
tabernam pub
uīnum bibit drinks wine
querēlās complaints
heu, heu alas, alas
pluit it has rained
siccī dry
cārus dear, expensive
nēmō nobody
eōs them
duouirī the magistrates
cūrant care about
aliī others
interdum sometimes
dormit he sleeps
domum (to) home

An election poster

VOCABULARY 2C

VERBS

uenit he/she comes
aduenit he/she arrives

ADVERB

cūr? why?

PREPOSITION

cum · with

ADJECTIVE

aliī...aliī some...others

PRONOUN

ille, illa, illud he, she, that

(c) Scintilla et Horātia ad fontem festīnant

cotīdiē, ubi Flaccus ad agrum exit, Scintilla et Horātia ad fontem festīnant. magnās urnās portant. ubi ad fontem adueniunt, multae fēminae iam adsunt. aliae aquam dūcunt, aliae urnās plēnās portant. Scintilla eās salūtat et diū colloquium cum amīcīs facit. tandem aquam dūcit, Horātiam uocat, et redit ad casam. Horātia quoque aquam dūcit et post Scintillam festīnat.

urna magna est. Horātia eam aegrē portat. subitō lāpsat; urna ad terram cadit; aqua in terram effluit. Horātia in terrā sedet; "heu, heu," inquit; "urna frācta est." Scintillam uocat; illa redit et "ō fīlia," inquit, "cūr in terrā sedēs? surge et aliam urnam ē casā portā." Horātia surgit; ad casam redit et aliam urnam ad fontem portat. aquam dūcit et domum festīnat.

cotīdiē	every day
dūcunt	draw
plēnās	full
eās	them
5 **colloquium**	conversation
quoque	also
post	after
aegrē	with difficulty
lāpsat	she slips
10 **effluit**	flows out
heu, heu!	alas, alas!
frācta	broken
illa	she
surge	get up! (an order)
portā	bring! (an order)

Respondē Latīnē

1. cūr Horātia urnam aegrē (with difficulty) portat?
2. quōmodo (how?) Horātia urnam frangit (breaks)?
3. cūr Horātia ad casam redit?

Women filling urns at the spring

A scene from twentieth-century Italy

quid facis, Quīnte? colōnum iuuō.

quid facitis, puerī? colōnōs iuuāmus.

VOCABULARY 3

VERBS	
clāmō	I shout
rogō	I ask
respondeō	I answer
accēdō	I approach
dīcō	I say
pōnō	I place, put
expōnō	I put out

NOUNS	
forum	forum (town center)
locus	place
uir	man, husband

ADJECTIVES

bonus, -a, -um   good

malus, -a, -um   bad

ūnus,-a,-um   one

ADVERB

sīc   like that, thus

PREPOSITIONS

in + acc.   into

per + acc.   through

cum + abl.   with

CONJUNCTION

quod   because

PRONOUNS

quid?   what?

quō?   where to?

Nūndinae

postrīdiē Flaccus et Scintilla māne surgunt; nam nūndinae sunt. Scintilla olīuās et fīcōs in calathōs pōnit. Horātia in hortō sedet. mox Scintilla Horātiam uocat; "quid facis, Horātia?" inquit; "parāta es? iam ad forum festīnāmus." Scintilla olīuās portat, Horātia fīcōs; ad forum festīnant.

ubi ad forum adueniunt, multī uirī et fēminae iam adsunt. per tōtum forum tabernae sunt. colōnī clāmant et mercēs suās laudant. aliī ūuās uendunt, aliī lānam, aliī fīcōs. Flaccus Scintillam et Horātiam ad locum uacuum dūcit; tabernam ērigunt et mercēs expōnunt.

mox fēmina ad Scintillam accēdit et "quantī," inquit "olīuās uēndis?" illa respondet "illās olīuās ūnō dēnāriō uēndō." fēmina olīuās emit. alia fēmina accēdit et fīcōs diū spectat; Horātia "cūr" inquit "fīcōs sīc spectās?" illa "illās fīcōs sīc spectō" inquit "quod malae sunt." Horātia īrāta est et respondet: "quid dīcis? malās fīcōs nōn uēndimus. fīcī bonae sunt." sed fēmina fīcōs nōn emit.

mox omnēs mercēs uēndunt. Scintilla laeta est; "omnēs mercēs uēndi-dimus," inquit; "iam ad tabernam piscātōriam prōcēdō."

postrīdiē the next day

māne early

fīcōs figs

calathōs baskets

5 **hortō** garden

tōtum whole

tabernae stalls

mercēs suās their wares

ūuās grapes

10 **uēndunt** are selling

lānam wool

uacuum empty

ērigunt put up

expōnunt put out

15 **quantī?** for how much?

uēndis? are you selling?

ūnō dēnāriō for one denarius

emit buys

omnēs mercēs all their wares

uēndidimus we have sold

tabernam piscātōriam the fish stall

Fābella
To the Fish Stall

Persōnae: **Scintilla, Flaccus, Horātia, Piscātor**

Scintilla Flaccum et Horātiam ad tabernam piscātōriam dūcit.

Flaccus: quid facis, Scintilla? quō festīnās? piscēs cārī sunt.
Scintilla: bonam cēnam emō. piscēs nōn ualdē cārī sunt.

5 *Flaccus ad tabernam accēdit et piscēs diū spectat.*

Piscātor: quid facis? cūr piscēs sīc spectās?
Flaccus: piscēs malī sunt, piscātor. male olent.
Piscātor: quid dīcis? nōn olent piscēs. bonī sunt.

persōnae characters
piscātor fisherman

quō? where to?
piscēs the fish
ualdē very

male olent they smell bad

Scintilla: tacē, Flacce. piscēs nōn male olent. piscātor, quantī hōs piscēs uēndis?
Piscātor: illōs piscēs ūnō dēnāriō uēndō.
Horātia: nimium postulās, piscātor.
Scintilla: tacē, Horātia. nōn nimium postulat. piscēs emō.

Scintilla ūnum dēnārium trādit et piscēs accipit.

Horātia: iam domum redīmus? ego iēiūna sum.
Scintilla: domum redīmus. mox bene cēnābimus.
Flaccus: bene cēnābimus, sed quam cāra erit illa cēna!

10	
15	

quantī? for how much?
hōs these
nimium too much
postulās you are asking
tacē be quiet!
trādit hands over
accipit receives
bene cēnābimus we shall dine well
quam cāra how expensive
erit will be

Shopping in an Italian market today

Fish mosaic

Flāuius "intrāte, puerī," inquit, "et sedēte."
Flāuius puerōs iubet intrāre et sedēre.

puerī lūdere cupiunt.
Flāuius "nōlīte lūdere, puerī," inquit; "sedēte
et labōrāte."

From now on vocabularies give the infinitives of verbs to show which conjugation they belong to; nouns are given with the genitive singular and gender; adjectives are given with nominative singular masculine, feminine and neuter.

VOCABULARY 4

VERBS

ambulō, ambulāre   I walk

nārrō, nārrāre   I tell

dēbeō, dēbēre   I must, I ought

doceō, docēre   I teach somebody
(in acc.) something (in acc.)

iubeō, iubēre   I order

maneō, manēre   I remain, I stay

uideō, uidēre   I see

discō, discere   I learn

scrībō, scrībere   I write

cupiō, cupere   I desire, I want

audiō, audīre   I hear, I listen

eō, īre   I go (see GEC book, p. 28)

possum, posse   I can (see GEC book,
p. 29)

nōlī, nōlīte + infinitive   don't

NOUNS

fābula, -ae, f.   story

littera, -ae, f.   letter (of alphabet)

magister, magistrī, m.   master

puer, puerī, m. & f.   boy, child

PRONOUN

is, ea, id (acc. eum, eam, id)   he, she, it

PREPOSITION

prope + acc.   near

ADJECTIVES

cēterī, -ae, -a   the rest

tacitus, -a, -um   silent

ADVERB

lentē   slowly

CONJUNCTIONS

nec/neque   and not

nec/neque...nec/neque   neither...nor

*Grammar, Exercises, Context Book

(a) Quīntus et Gāius ad lūdum sērō adueniunt

sērō late
nōmine by name
cōnsistit he stops
dēbēs you must

iānuam door
lūdere play

Horātia cum amīcīs ad lūdum festīnat. Quīntus lentē ambulat. in uiā amīcum uidet, nōmine Gāium; eum uocat. Gāius ad lūdum festīnat sed ubi Quīntum audit, cōnsistit et "quid facis, Quīnte?" inquit; "festīnāre dēbēs. sērō ad lūdum uenīs. ego festīnō." Quīntus respondet: "nōn sērō uenīmus,

5 Gāī, nec festīnāre possum; fessus sum." Gāium iubet manēre. ille ānxius est sed manet. lentē ad lūdum ambulant.

cēterī puerī iam ad lūdum adsunt et prope iānuam manent. magister ē iānuā exit et eōs iubet intrāre et sedēre. puerī lūdere cupiunt. Flāuius "nōlīte lūdere, puerī," inquit; "tacitī sedēte et studēte." ubi omnēs tacitī sedent, ma-

10 gister eōs spectat; nec Gāium nec Quīntum uidet; īrātus est et clāmat: "cūr nōn adsunt Gāius et Quīntus? quid faciunt? cūr sērō adueniunt?" tandem intrant Quīntus et Gāius et magistrum salūtant. sed ille clāmat: "cūr sērō uenītis? malī puerī estis. intrāte celeriter et sedēte."

magister clāmat: "cūr sērō uenīs? malus puer es!"

(b) Flāuius litterās docet

tabulīs tablets
corrigit corrects
stultus stupid
rēctē correctly
sibi to him
mōnstrāre to show
errās you are wrong
ecce! look!
esse be
rē uērā really
iterum again

diū sedent puerī et magistrum audiunt; diū clāmat magister et litterās docet. puerī litterās in tabulīs scrībunt; magister tabulās spectat et litterās corrigit. Decimus, puer magnus et stultus, litterās rēctē scrībere nōn potest. magis-ter eum iubet tabulam sibi mōnstrāre; tabulam spectat. "Decime," inquit,

5 "asinus es. litterās nōn rēctē scrībis." Decimus "errās, magister," inquit; "asinus nōn sum. litterās rēctē scrībere possum. ecce!" litterās iterum scrībit. sed Flāuius "nōlī impudēns esse, Decime," inquit; "rē uērā asinus es. litterās nōn rēctē scrībis. dēbēs litterās iterum scrībere."

diū student puerī. tandem Horātia "dīligenter studēmus, magister,"
inquit; "litterās bene scrībimus. fessī sumus. itaque fābulam nōbīs nārrā."
Flāuius eam benignē spectat. "ita uērō," inquit, "dīligenter studētis, puerī.
tacitī sedēte. fābulam uōbīs nārrāre uolō."

10

bene well
nōbīs to us
benignē in a kindly way
ita uērō yes
uōbīs to you
uolō I am willing

Respondē Latīnē

1. cūr prior (first) ad lūdum aduenit Horātia?
2. ubi Quīntus et Gāius adueniunt, cūr īrātus est magister?
3. cūr dīcit magister, "Decime, asinus es"?
4. quid respondet Decimus?

Writing implements

◇◇◇◇◇◇◇◇◇◇ **PATTERN SENTENCES** ◇◇◇◇◇◇◇◇◇◇

puer patrem iuuat. omnēs puerī patrēs iuuant.

puer patris agrum intrat. puerī patrum agrōs intrant.

puer mātrem puellae uidet. puerī mātrēs puellārum uident.

(a) Agamemnōn Graecōs in urbem Trōiam dūcit

VOCABULARY 5A

VERBS

conuocō, -āre   I call together
nāuigō, -āre   I sail
oppugnō, -āre   I attack
pugnō, -āre   I fight
incendō, -ere   I burn
occīdō, -ere   I kill
resistō, -ere   I resist
uincō,-ere   I conquer
capiō, capere   I take
fugiō, fugere   I flee
conueniō, -īre   I gather together

NOUNS

hasta, -ae, f.   spear
īra, -ae, f.   anger
pugna, -ae, f.   fight
annus, -ī, m.   year
bellum, -ī, n.   war
perīculum, -ī, n.   danger
arma, -ōrum, n. pl.   arms
comes, comitis, m.   companion
frāter, frātris, m.   brother
māter, mātris, f.   mother
pater, patris, m.   father
nāuis, nāuis, f.   ship
pars, partis, f.   part
prīnceps, prīncipis, m.   chief
rēx, rēgis, m.   king
urbs, urbis, f.   city
exercitus, exercitūs, m.   army

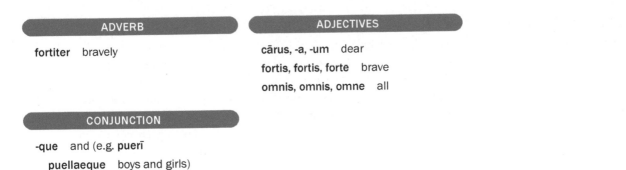

ADVERB		ADJECTIVES

fortiter bravely

cārus, -a, -um dear
fortis, fortis, forte brave
omnis, omnis, omne all

CONJUNCTION

-que and (e.g. **puerī**
puellaeque boys and girls)

Agamemnōn, rēx Mycēnārum, omnēs prīncipēs Graecōrum conuocat.
iubet eōs bellum in Trōiānōs parāre. frāter Agamemnonis, Menelāus, adest;
Achillēs, hērōum fortissimus, ā Thessaliā uenit, ab Ithacā uenit Ulixēs,
Graecōrum sapientissimus, et multī aliī ab omnibus Graeciae partibus
conueniunt. magnum exercitum multāsque nāuēs parant. ad urbem Trōiam   5
nāuigant et Trōiānōs oppugnant.

    sed Trōiānī urbem fortiter dēfendunt. decem annōs Graecī urbem
obsident sed eam capere nōn possunt. tandem Agamemnōn Achillēsque in
rixam incidunt. Achillēs īrātus est. nōn diūtius pugnat sed prope nāuēs manet
ōtiōsus. Trōiānī iam Graecōs uincunt pelluntque ad nāuēs.   10

Mycēnārum of Maecenae
Graecōrum of the Greeks
hērōum fortissimus the
    bravest of the heroes
Ulixēs Odysseus (Ulysses)
decem annōs for ten years
obsident besiege
rixam quarrel
incidunt fall into
nōn diūtius no longer
ōtiōsus idle
pellunt drive

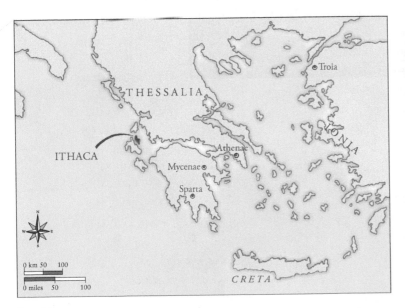

Map of Greece

The Lion Gate at Mycenae

quī who
perīculō danger
dēsistit ceases

incendunt set fire to
sī if
tū you
nōn uīs are unwilling
itaque and so
inuītus unwilling(ly), reluctant(ly)
induit puts on
fortissimus the bravest

15

20

Agamemnōn ad Achillem amīcōs eius mittit quī eum iubent ad pugnam redīre. illī "ō Achillēs," inquiunt, "Trōiānī iam nōs uincunt pelluntque ad nāuēs. in magnō perīculō sumus. ad pugnam redī comitēsque dēfende." sed ille amīcōs nōn audit neque ab īrā dēsistit.

iam Trōiānī nāuēs Graecōrum oppugnant; multās incendunt. Patroclus, amīcus cārus Achillis, ad eum accēdit et "Trōiānī iam nāuēs incendunt," inquit; "tandem ab īrā dēsiste et comitēs iuuā. sed sī tū pugnāre nōn uīs, mē dēbēs in pugnam mittere." itaque Achillēs inuītus Patroclum in pugnam mittit. ille arma Achillis induit et comitēs in pugnam dūcit.

Trōiānī, ubi arma Achillis uident, territī sunt fugiuntque ad urbem. Patroclus in eōs currit multōsque occīdit. sed Hector, Trōiānōrum fortissimus, resistit et Patroclum in pugnam uocat. hastam iacit et Patroclum occīdit.

Agamemnon and Achilles

(b) Mors Hectoris

VOCABULARY 5B

VERBS

exspectō, -āre   I wait for
ōrō, -āre   I beg, pray
seruō, -āre   I save
reddō, -ere   I give back
trahō, -ere   I drag
uertō, -ere   I turn
coniciō, conicere   I hurl
iaciō, iacere   I throw

NOUNS

deus, deī, m.   god
fīlius, fīliī, m.   son
mūrus, -ī, m.   wall
corpus, corporis, n.   body
mors, mortis, f.   death
nox, noctis, f.   night
uxor, uxōris, f.   wife

ADJECTIVES

mortuus, -a, -um   dead
sōlus, -a, -um   alone
territus, -a, -um   terrified

Achillēs, ubi Patroclus mortuus est, eum diū lūget. Hectorem uindicāre cupit. redit in pugnam comitēsque in Troiānōs dūcit. illī, ubi Achillem uident, territī sunt; in urbem fugiunt. Hector sōlus extrā mūrōs urbis manet.

    pater Priamus, rēx Trōiae, et māter Hecuba cum uident stantem solum extrā mūrōs. Priamus, timōre perculsus, clāmat: "Hector, nōlī Achillem in pugnam uocāre; nōn potes eum uincere. urbem intrā. festīnā." māter clāmat: "fīlī cāre, nōlī extrā mūrōs manēre. nōlī mortem obīre; māter tua misera tē ōrō."   5

lūget mourns
uindicāre take vengeance on
extrā outside
stantem standing
timōre perculsus shattered by fear
obīre go to meet

Troy

nōn uult is unwilling	
portās claudite shut the gates	10
inuītī unwilling(ly)	
propius closer	
celeriter quickly	
ter three times	15
circum around	
sē uertit turns round	
uītat avoids	
suam his own	
scūtum shield	20
percutit hits	
saucius wounded	
summā uī with all his might	
uolat flies	
auram air	
trānsfīgit transfixes, pierces	

sed Hector eōs nōn audit; urbem intrāre nōn uult. Trōiānōs uocat et "portās claudite, Trōiānī," inquit; "festīnāte; ego sōlus extrā mūrōs urbis maneō Achillemque ad pugnam uocō."

Trōiānī inuītī portās claudunt. Hector sōlus Achillem exspectat. ille propius accēdit. tum Hector subitō timōre perculsus tergum uertit et fugit.

Achillēs celeriter in eum currit sed eum capere nōn potest. ter circum mūrōs urbis fugit Hector, sed tandem resistit; sē uertit et Achillem in pugnam uocat. ille accēdit hastamque in Hectorem conicit.

Hector hastam uītat suamque hastam in Achillem conicit; hasta Achillis scūtum percutit. sed Achillēs nōn saucius est; hastam summā uī in Hectorem conicit. uolat hasta per auram Hectoremque trānsfīgit. ille ad terram cadit mortuus.

Achilles and Hector

accurrit runs to (him)	
dīrum facinus (acc.) a terrible deed	
currum chariot	
alligat ties	25
dēsiste ab cease from	
nōbīs to us	

accurrit Achillēs et dīrum facinus facit. Hectoris corpus ad currum alligat trahitque ad nāuēs Graecōrum. pater et māter ē mūrīs spectant. Hecuba clāmat: "ō Achillēs, tandem ab īrā dēsiste; fīlium nōbīs redde." sed Achillēs eam nōn audit; Hectoris corpus ad nāuēs Graecōrum trahit et relinquit in terrā iacēns.

Achilles dragging Hector's body around the walls of Troy

The ransom of Hector

COMPREHENSION EXERCISE

diū māter filium mortuum lūget; diū lūget
Andromachē, uxor Hectoris; diū lūget Priamus.
tandem Priamus, ubi nox uenit, ex urbe exit et sōlus
ad Graecōrum nāuēs festīnat. deus Mercurius eum
dūcit per uigilēs Graecōrum. tandem ad Achillis
tabernāculum aduenit. intrat Achillemque salūtat; in
terrā prōcumbit; "ō Achillēs, tē ōrō" inquit, "tandem
ab īrā dēsiste et filium mortuum ad mātrem miseram
remitte."

Achillēs, ubi Priamum uidet, attonitus est.
misericordiā commōtus Priamum ē terrā tollit. filium
mortuum patrī reddit eumque ad urbem Trōiam incolumem remittit.

lūget mourns	
uigilēs watchmen, guards	
Achillis tabernāculum Achilles' tent	
5 **prōcumbit** he bows down	
attonitus astonished	
misericordiā commōtus moved by pity	
tollit raises	
10 **incolumem** safe	

Answer the following questions in Latin

1. What does Priam do when night comes?
2. How does he find his way through the Greek guards?
3. What does he do when he enters Achilles' tent?
4. How does Achilles react to Priam's words? What three things does he do?

◇◇◇◇◇◇◇◇◇◇◇ **PATTERN SENTENCES** ◇◇◇◇◇◇◇◇◇◇◇

dīc mihi, amīce, nōnne uīs librōs nōbis reddere?

nōnne uīs = *don't you want*

nōlumus illōs librōs uōbīs trādere; uolumus enim eōs patrī nostrō ostendere.

(a) Graecī Trōiam capiunt

VOCABULARY 6A

VERBS	NOUNS
dēspērō, -āre I give up hope, despair	īnsula, -ae, f. island
dō, dare I give	lūna, -ae, f. moon
gaudeō, -ēre I rejoice	nauta, -ae, m. sailor
timeō, -ēre I fear, am afraid of	unda, -ae, f. wave
cōnstituō, -ere I decide	equus, -ī, m. horse
crēdō, -ere + dative I believe, I trust	cōnsilium, cōnsiliī, n. plan
petō, -ere I seek, make for	uerbum, -ī, n. word
relinquō, -ere I leave	lītus, lītoris, n. shore
accipiō, -ere I receive	nihil, n. nothing
dormiō, -īre I sleep	

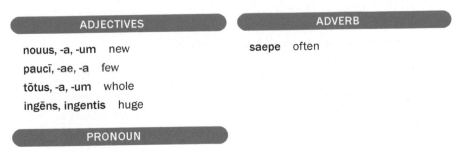

ADJECTIVES	ADVERB
nouus, -a, -um new	saepe often
paucī, -ae, -a few	
tōtus, -a, -um whole	
ingēns, ingentis huge	

PRONOUN

quis? quid? who? what?

The ruined walls of Troy

decem annōs Graecī Trōiānōs obsident sed urbem capere nōn possunt.
tandem Agamemnōn, rēx Graecōrum, omnēs prīncipēs conuenīre iubet.
ubi omnēs adsunt, dīcit eīs: "decem iam annōs Trōiam obsidēmus; saepe
Trōiānōs in pugnā uincimus sed urbem capere nōn possumus. ego dēspērō.
dīcite mihi: quid facere dēbēmus? quid uōs monētis?"   5
    cēterī prīncipēs Agamemnonī nihil respondent sed Ulixēs "ego" inquit
"nōn dēspērō. nouum cōnsilium uōbīs prōpōnō." omnēs prīncipēs cōnsilium
Ulixis attentē audiunt. cōnsilium eius laetī accipiunt. equum ligneum
fabricant, ingentem; fortissimōs hērōum ēligunt eōsque iubent in equum

decem annōs for ten years
obsident besiege

monētis do you advise

prōpōnō I propose
ligneum wooden
ēligunt they select

in uentre in the belly	
cōnscendunt board	
uīcīnam neighboring	
prīmā lūce at first light	
abeuntēs going away	
cōnfectum finished	
stantem standing	
nōnnūllī some	
tamen however	
sacerdōs priest	
nē don't	
Teucrī Trojans	
Danaōs the Greeks	
fortasse perhaps	
cēlātī hidden	
stetit stood	
in latere in the side	
placent (+ dat.) please	
arce the citadel	
epulās a feast	
uīnum wine	
nōta well-known	
extollere raise on high	
sepultam buried	
uigilēs watchmen	
aperiunt they open	
sociōs (their) companions	
rēgiam palace	
ipsum himself	

10 ascendere. illī in equum ascendunt sedentque in equī uentre. deinde cēterī nāuēs cōnscendunt nāuigantque ad īnsulam uīcīnam.

prīmā lūce Trōiānī nāuēs Graecōrum uident abeuntēs. gaudent quod Graecī in lītore nōn adsunt, gaudent quod bellum tandem cōnfectum est. ē portīs urbis currunt ad lītus desertum: equum ingentem spectant in lītore 15 stantem. attonitī sunt. aliī aliīs dīcunt: "cūr Graecī hoc mōnstrum in lītore relinquunt? quid facere dēbēmus?" nōnnūllī "dēbēmus" inquiunt "equum in urbem trahere." Lāocoōn tamen, Apollinis sacerdōs, "equō nē crēdite, Teucrī. timeō Danaōs et dōna ferentēs. fortasse Graecī in eō cēlātī sunt." sīc dīcit, hastamque in equum conicit; stetit illa tremēns in equī latere. sed uerba eius 20 paucīs Trōiānōrum placent. cōnstituunt equum in urbem trahere. omnēs laetī eum per portās urbis trahunt et in arce pōnunt. deinde epulās faciunt multumque bibunt uīnum.

nox adest. dormiunt Trōiānī. Graecī quī in īnsulā manent nāuēs cōnscendunt. nāuēs tacitae per amīca silentia lūnae lītora nōta petunt. ubi 25 lītorī accēdunt, Agamemnōn nautās iubet flammās extollere; sīc signum dat eīs quī in equō cēlātī sunt. illī ex equō exeunt; inuādunt urbem somnō uīnōque sepultam. occīdunt uigilēs; portās aperiunt sociōsque accipiunt. in uiās urbis incurrunt. paucī Trōiānōrum eīs resistunt. mox Graecī tōtam urbem capiunt. rēgiam Priamī oppugnant; Priamum ipsum fīliōsque eius 30 occīdunt. sīc Graecī Trōiam tandem capiunt urbemque incendunt.

The death of Priam

The questions below refer only to the final paragraph on page 26.

The Trojan horse

Respondē Latinē

1. ubi nox uenit, quid faciunt Graecī?
2. quid faciunt Graecī quī in equō sunt?
3. cūr nōn resistunt Trōiānōrum uigilēs?

(b) Aenēās Trōiānōs superstitēs ad terrās ignōtās dūcit.

superstitēs = survivors   **ignōtās** = unknown

Aeneas carrying his father from Troy

VOCABULARY 6B

VERBS

errō, -āre   I wander, I err
condō, -ere   I found
cōnscendō, -ere   I board (a ship)
inueniō, -īre   I find

NOUNS

labor, labōris, m.   work, suffering
mōns, montis, m.   mountain

ADJECTIVE

paruus, -a, -um   little

ADVERBS

mox   soon
tamen (2nd word)   however

PREPOSITION

inter + acc.   between, among

COMPREHENSION EXERCISE

    paucī Trōiānōrum ēuādunt; urbem ardentem relinquunt
fugiuntque in montēs. inter eōs est Aenēās, prīnceps
Trōiānōrum; ille patrem et paruum fīlium ē flammīs ēripit
et ad montēs dūcit. mox aliī ad montēs conueniunt. omnēs
dēspērant. Aenēās tamen "Trōia incēnsa est" inquit "sed   5
nōs Trōiānī supersumus. uenīte mēcum; mihi prōpositum
est nouam Trōiam in aliā terrā condere."
    illī Aenēam laetī audiunt. montēs relinquunt et ad lītus
dēscendunt. nāuēs inueniunt in portū religātās. Trōiae
ruīnās relinquunt et in terrās ignōtās nāuigant. diū in   10
undīs errant multōsque labōrēs subeunt. tandem ad Italiam
ueniunt nouamque Trōiam condunt.

ēuādunt escape
ardentem burning
ēripit rescues

incēnsa burnt
supersumus survive
mihi prōpositum est it
  is my intention
portū harbor
religātās moored
subeunt undergo

Answer the following questions in English

1. Where do the Trojan survivors take refuge?
2. Whom does Aeneas rescue from Troy?
3. What is the general emotion?
4. What does Aeneas say to the survivors?
5. How do they respond emotionally and how do they get away?
6. How do they fare on their travels?
7. What is their destination, and what do they do when they get there?

Polyphēmum uident nautae; ille dē monte lentē dēscendit.

VOCABULARY 7

VERBS

caedō, -ere   I cut, beat, kill
quaerō, -ere   I search for, ask
tollō, -ere   I raise, lift
subeō, -īre   I undergo

NOUNS

silua, -ae, f.   wood
caelum, ī, n.   sky
saxum, -ī, n.   rock
aequor, aequoris, n.   sea
clāmor, clāmōris, m.   shout
homō, hominis, c.   man, human being
lūx, lūcis, f.   light
nūbes, nūbis, f.   cloud
precēs, precum, f. pl.   prayers
fluctus, -ūs, m.   wave
manus, -ūs, f.   hand
diēs, diēī, m.   day
spēs, speī, f.   hope

ADJECTIVES

prīmus, -a, -um   first
summus, -a, -um   highest, top

ADVERBS

hīc   here
hūc   to here, hither
uix   scarcely

PREPOSITIONS

dē + abl.   down from; about, concerning
sub + abl.   under

Polyphemus

condant they can found

sub noctem toward nightfall
tonat thunders
interdum now and then
ātram black
globōs balls

Aenēās Trōiānīque nāuēs cōnscendunt; ab urbe incēnsā in terrās ignōtās nāuigant. diū terram quaerunt ubi nouam Trōiam condant; multōs labōrēs, multa perīcula subeunt. saepe dēspērat Aenēās. tandem cōnstituit ad Italiam nāuigāre.

ubi Siciliae accēdunt, montem Aetnam uident. sub noctem ad īnsulam adueniunt atque in lītore quiēscunt. sed mōns Aetna per noctem tonat; interdum ātram prōicit ad caelum nubem, interdum tollit globōs flammārum saxaque liquefacta. Trōiānī territī sunt ānxiīque diem exspectant.

5

10

posterō diē prīmā lūce properant nāuēs cōnscendere cum hominem
miserandum uident quī subitō ē siluīs currit supplexque manūs ad lītus
tendit. ubi Trōiāna arma habitūmque uidet, cōnsistit; mox ad lītus currit
cum flētū precibusque; "seruāte mē," inquit, "uōs ōrō. ego Graecus sum,
comes Ulixis. cēterī fūgērunt. ego sōlus maneō. nisi mē seruāre uultis, nūllam
habeō spem salūtis. sed fugite, miserī, fugite; Cyclōpēs hīc habitant, gigantēs
immānēs quī hominēs edunt. nōlīte mē Cyclōpibus trādere. seruāte mē, ac-
cipite mē in nāuēs."

uix ea dīxerat, cum summō in monte pāstōrem Polyphēmum uident,
mōnstrum horrendum, ingēns, quī ouēs suās ad lītus dūcit. caecus est;
lentē dēscendit et saepe lāpsat. Trōiānī eum territī spectant. Aenēās "currite
ad nāuēs," inquit; "festīnāte." Trōiānī comitem Ulixis accipiunt; fugiunt ad
nāuēs; fūnēs caedunt et summā uī in aequor rēmigant.

Polyphēmus, ubi ad lītus aduenit, in fluctūs prōcedit. subitō audit
Trōiānōs rēmigantēs. clāmōrem ingentem tollit. cēterī Cyclōpēs eum audiunt
atque dē montibus in lītus currunt. Trōiānī tamen iam in aequore apertō
nāuigant; Cyclōpēs eōs contingere nōn possunt.

15

20

25

30

posterō the next
properant they hurry
cum when
miserandum pitiable
supplex supplicating
tendit stretches
habitum clothing
flētū weeping
fūgērunt have fled
nisi unless
salūtis of safety
gigantēs immānēs
    enormous giants
edunt eat
dīxerat he had said
pāstōrem shepherd
ouēs suās his sheep
caecus blind
lāpsat slips
fūnēs cables
rēmigant row
rēmigantēs rowing
apertō open
contingere reach

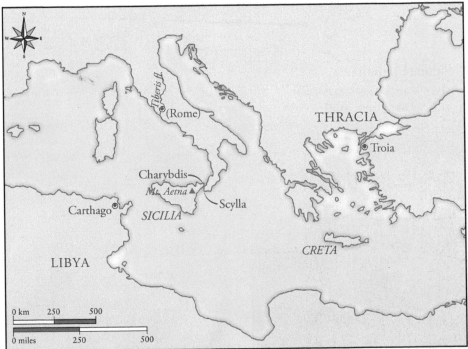

The travels of Aeneas

Mount Etna erupting

Respondē Latīnē

1. cūr saepe dēspērat Aenēās?
2. cūr territī sunt Trōiānī?
3. cūr Cyclōpēs Trōiānōs contingere nōn possunt?

These rocks in the sea off the coast of Sicily at Acitrezza beneath Mount Etna are said to be the ones thrown by Polyphemus at Ulysses' ship.

puerī canem, quī sordidus est, lauant.

puerī, quī sordidī sunt, sē lauant.

puellae quās māter spectat laetae sunt.

māter, quae cēnam parat, puellīs dīcit: "ad cēnam uōs parāte."

puerī, quibus pater in uiā occurrit, ad casam redeunt.

Gāius, quem Flāuius litterās docet, nōn laetus est.

(a) Aenēās ad Libyam aduenit

VOCABULARY 8A

VERBS

teneō, -ēre   I hold
cognōscō, -ere   I get to know, learn
ferō, ferre   I bear
occurrō, - ere + dat.   I meet
succurrō, -ere + dat.   I help
uādō, -ere   I go
ēripiō, -ere   I snatch away, rescue
respiciō, -ere   I look back at

NOUNS

rēgīna, -ae, f.   queen
animus, -ī, m.   mind
uentus, -ī, m.   wind
amōr, amōris, m.   love
ignis, -is, m.   fire
salūs, salūtis, f.   safety
tempestās, -ātis, f.   storm
cursus, -ūs, m.   course
portus, -ūs, m.   harbor

ADJECTIVES

ignōtus, -a, -um   unknown
magnus, -a, -um   great
medius, -a, -um   middle
nōtus, -a, -um   known
tantus, -a, -um   so great

ADVERBS

etiam   also
frūstrā   in vain
semper   always

CONJUNCTION

dum   while

The first part of the story of Dido and Aeneas

dum Trōiānī ā Siciliā ad Italiam
nāuigant, magna uenit tempestās.
Aeolus, rēx uentōrum, omnēs uentōs
ēmittit; uentī uāstōs uoluunt ad
lītora fluctūs; ēripiunt subitō nūbēs
caelum diemque Teucrōrum ex
oculīs. Trōiānī in magnō perīculō
sunt nec cursum tenēre possunt.
tandem uentī eōs in terram ignōtam
pellunt. Trōiānī ē nāuibus exeunt
fessīque in lītore quiēscunt.

    posterō diē prīmā lūce Aenēās
cōnstituit terram explōrāre. sociīs
dīcit: "uōs prope nāuēs manēte; mihi
est prōpositum terram explōrāre."
ūnō cum amīcō collem ascendit
unde multōs hominēs uidet quī
urbem prope lītus aedificant. Aenēās
eōs spectat; "ō fortūnātī," inquit,
"quōrum iam moenia surgunt; nōs
semper per fluctūs errāmus." tandem
dē colle dēscendit urbemque intrat.
in mediā urbe templum magnum
uidet; accēdit et intrat.

    in mūrīs templī multae sunt
pictūrae. Aenēās attonitus est;
nam pictūrae bellum Trōiānum
dēscrībunt. Aenēās amīcum uocat
et "ecce, amīce," inquit, "in hāc pictūrā Priamum uidēs et Achillem. hīc est
Agamemnōn. ecce, hīc Achillēs Hectorem mortuum ad nāuēs Graecōrum
trahit. nōlī timēre; etiam hīc nōtī sunt Trōiānōrum labōrēs."

    dum templum spectant, rēgīna, nōmine Dīdō, accēdit multīs cum
prīncipibus. Aenēās currit ad eam et "ō rēgīna," inquit, "succurre nōbīs.
Trōiānī sumus quī ad Italiam nāuigāmus. tempestās nōs ad tuam terram
pepulit."

5	**uoluunt** roll
	nūbēs clouds
	Teucrōrum of the Trojans
	oculīs eyes
10	**pellunt** drive
	sociīs to his companions
	mihi est prōpositum it is my
15	intention
	collem hill
	unde from where
	aedificant are building
20	**quōrum** whose
	moenia walls
25	
	ecce look!
30	
	nōmine by name
35	**pepulit** has driven

Aeneas looks down on the building of Carthage

admīrātiōne plēna full of amazement
benignē with kindness
rēgiam (her) palace
epulās feast
cōnfecta finished
age come on!
cāsum the fall
īnfandum...dolōrem inexpressible grief
renouāre to renew
sī if
cāsūs misfortunes
suprēmum the last

Dīdō Aenēam spectat admīrātiōne plēna. deinde "nōlīte timēre. fāma Trōiānōrum omnibus nōta est. ego uōbīs laeta succurrō." sīc eōs benignē accipit dūcitque ad rēgiam. deinde omnēs prīncipēs Carthāginis omnēsque Trōiānōs ad epulās uocat.

40 ubi cēna cōnfecta est, Dīdō "age," inquit, "Aenēā, nārrā nōbīs Trōiae cāsum omnēsque Trōiānōrum labōrēs." omnēs tacitī sedent Aenēamque spectant. ille respondet: "īnfandum, rēgīna, mē iubēs renouāre dolōrem, sed sī tantus amor est tibi cāsūs cognōscere nostrōs et Trōiae suprēmum audīre labōrem, omnia tibi nārrāre uolō."

Respondē Latīnē

1. dum Aenēās templum spectat, quis ad templum accēdit?
2. quōmodo (*how*) Dīdō Aenēam accipit?
3. ubi cēna cōnfecta est, quid dīcit Dīdō?

(b) Aenēās Trōiānōrum labōrēs Dīdōnī nārrat

VOCABULARY 8B

VERBS	NOUNS
stō, stāre I stand	**somnus, -ī**, m. sleep
referō, referre I carry back; **mē referō**	**hostis, hostis**, m. enemy
I return	**iuuenis, iuuenis**, m. young man
uoluō, -ere I roll	**mēns, mentis**, f. mind
	uulnus, uulneris, n. wound

ADVERB	ADJECTIVE
frūstrā in vain	**nūllus, -a, -um** no, not any

decem annōs Graecī Trōiam obsident sed Trōiānī urbem fortiter
dēfendimus. Graecī urbem capere nōn possunt. tandem nāuēs cōnscendunt
nāuigantque in apertum mare. uidēmus eōs abeuntēs laetīque ex urbe
currimus; gaudēmus quod bellum cōnfectum est. festīnāmus ad castra
Graecōrum, quae dēserta sunt. sed in lītore stat equus ligneus ingēns quem   5
in urbem trahimus. deinde epulās facimus multumque uīnum bibimus.

    nox est. dum dormiō, in somnō Hector mortuus mihi appāret, uulnera
illa gerēns, quae circum mūrōs Trōiae accēpit. "heu, fuge, Aenēā," inquit,
"tēque hīs ēripe flammīs. hostis habet mūrōs; corruit Trōia. nulla spēs tibi
manet Trōiam seruandī. fuge, et Trōiam nouam in terrā aliā conde." sic ait   10
Trōiaeque sacra mihi trādit.

    ubi Hectorem audiō, somnum excutiō. ad tēctum ascendō urbemque
ardentem uideō. arma āmēns capiō et in uiās currō. furor īraque mentem
praecipitant. in flammās et in arma mē ferō. mox multīs comitibus occurrō
quī in uiīs errant. eōs colligō et "iuuenēs fortissimī, frūstrā," inquam,   15
"succurritis urbī incēnsae. nūlla est spēs salūtis; uādimus haud dubiam in
mortem." multōs hostium occīdimus sed nōn diū possumus Graecīs resistere.

apertum open
abeuntēs going away
cōnfectum finished
epulās feast
gerēns bearing
accēpit he received
heu alas!
corruit is collapsing
seruandī of saving
ait he spoke
sacra the sacred emblems
excutiō I shake off
tēctum the roof
ardentem burning
āmēns out of my mind
praecipitant drive headlong
mox soon
colligō I gather together
inquam I say
incēnsae on fire
haud not
dubiam doubtful

Fighting around Troy

COMPREHENSION EXERCISE

Answer the questions on the following paragraph

subitō patris imāgō in mentem mihi uenit. domum recurrō. pater et filius et uxor mē exspectant
territī. iam clārius ignem audīmus propiusque
aestūs incendia uoluunt. iubeō eōs urbem mēcum
relinquere. patrem in umerīs ferō; paruī filiī ma-   5
num teneō; uxōrem iubeō pōne festīnāre. per
hostēs, per flammās ad portās currimus. tandem,
ubi ad collēs aduenīmus, cōnsistimus. respiciō, sed
uxōrem uidēre nōn possum. in urbem ardentem
mē referō. diū eam quaerō, sed frūstrā. tandem ad   10
patrem filiumque maestus recurrō. multī Trōiānī
quī ex urbe euāsērunt iam cum eīs adsunt. posterō
diē eōs ad lītus dūcō; nāuēs in portū inuenīmus
quās celeriter cōnscendimus; sine morā Trōiam
relinquimus; in terrās ignōtās nāuigāmus.   15

imāgō	the thought
recurrō	I run back
clārius	more clearly
propius	closer
aestūs	the heat (acc. pl.)
incendia	the fires
in umerīs	on my shoulders
pōne	behind
ardentem	burning
maestus	sad(ly)
euāsērunt	have escaped
sine morā	without delay

1. What makes Aeneas run home?
2. Describe the order in which Aeneas and his family leave home.
3. What makes him return to Troy?
4. What does he find when he gets back to his father?

Dīdō gladium capit pectusque trānsfīgit.

VOCABULARY 9

VERBS

amō, amāre I love
imperō, -āre + dat. I command
uolō, uolāre I fly
pāreō, -ēre + dat. I obey
crēscō, -ere I increase
dēmittō, -ere I send down
dēserō, -ere I desert
dīmittō, -ere I send away, dismiss
discēdo, -ere I depart
exstruō, -ere I build
incipiō, -ere I begin

NOUNS

poena, -ae, f. punishment
fūmus, -ī, m. smoke
gladius, -ī, m. sword
nūntius, -ī, m. messenger
oculus, -ī, m. eye
imperium, -ī, n. order, command
fīnis, -is, m. end

ADJECTIVES

aureus, -a, -um golden
dīrus, -a, -um terrible
trīstis, -e sad

ADVERBS

statim at once
ualdē very
intereā meanwhile
etiam even
ibi there

PREPOSITIONS

post + acc. after
suprā + acc. above

CONJUNCTIONS

aut...aut either...or

---

fīnem dīcendī an end of speaking
admīrātiōne plēnī full of admiration
uoluit turns over
eīs placet it pleases them, they decide
in diēs from day to day
uesper evening
exposcit she demands
spernit despises
hiemem winter
cessantem lingering
fātī immemor forgetful of his destiny

ubi Aenēās fīnem dīcendī facit, omnēs tacitī sedent admīrātiōne plēnī. tandem Dīdō eōs dīmittit. mox dormiunt omnēs. sed Dīdō dormīre nōn potest. per tōtam noctem Aenēam labōrēsque Trōiānōrum in animō uoluit.

　　Aenēās Trōiānīque post tantōs labōrēs ualdē fessī sunt. eīs placet in Libyā manēre et quiēscere. intereā Dīdō Aenēam amāre incipit. in diēs crēscit amor. nunc Aenēam sēcum per moenia dūcit, nunc, ubi uesper adest, exposcit iterum audīre Trōiānōrum labōrēs. Aenēam etiam absentem et audit et uidet. neque Aeneas amōrem Dīdōnis spernit. per tōtam hiemem in Libyā manet Dīdōnemque iuuat, quae nouam urbem exstruit.

　　sed rēx deōrum, Iuppiter, Aenēam dē caelō spectat in Libyā cessantem. īrātus est quod Aenēās, fātī immemor, ibi manet. Mercurium, nūntium

5

10

deōrum, uocat et "ī nunc, Mercurī," inquit; "ad Libyam uolā. Aenēam iubē
statim ad Italiam nāuigāre."

ille patris magnī parēre parat imperiō. tālāria induit aurea, quae eum suprā
aequora terramque portant. dē caelō in Libyam uolat. Aenēam cōnspicit
arcem fundantem; accēdit et "tū nunc" inquit "Carthāginis fundāmenta
exstruis, regnī rērumque tuārum oblītus! ipse rēx deōrum tibi mē dēmittit dē
Olympō, ipse mē iubet haec ferre tibi mandāta. quid facis? quā spē in Libycīs
terrīs cessās? ī nunc; nōlī diūtius in Libyā manēre. ad Italiam nāuigā nouamque Trōiam ibi conde."

sīc dīcit et ex oculīs Aenēae ēuānēscit. Aenēās territus est. imperia deōrum
nōn potest neglegere. ad comitēs redit iubetque eōs nāuēs parāre.

Dīdō tamen omnia cognōscit; Aenēam arcessit et "perfide" inquit,
"tū parās tacitus discēdere ē meā terrā? sīc amōrem meum spernis? sic mē
moritūram dēseris?" ille amōre ualdē commōtus "neque amōrem tuum
spernō" inquit "neque tacitus abīre parō. Iuppiter ipse mē iubet Italiam petere
Trōiamque nouam ibi condere. Italiam nōn sponte petō." tum uērō exardēscit
Dīdō īrā: "ego tē nōn retineō. ī nunc. Italiam pete. sed hoc tē moneō: dīra tē
poena manet; sērius ōcius aut ego aut posterī ultiōnem tibi exigent." sīc dīcit
et ad terram dēcidit exanimāta.

Aenēās trīstis et commōtus Dīdōnem relinquit reditque ad comitēs. imperia deōrum perficere dēbet. nāuēs parātae sunt. postrīdie prīmā lūce Trōiānī
nāuēs soluunt.

īnfēlīx Dīdō, ubi diēs uenit, Trōiānōs uidet nāuigāre parantēs. fātīs territa
mortem ōrat. seruōs iubet magnam pyram exstruere. dum omnēs eam spectant, pyram ascendit. gladium capit quem Aenēās ipse eī dederat, et pectus
trānsfigit. illī, ubi Dīdōnem mortuam uident, ualdē commōtī sunt. rēgīnam
lūgent. trīstēs pyram succendunt. fūmus ad caelum surgit.

intereā Aenēās, dum per mare festīnat, ad Libyam respicit fūmumque
uidet in caelum surgentem. "quid uideō?" inquit; "cūr fūmus ad caelum sic
surgit?" sed redīre nōn potest. trīstis et ānxius Italiam petit.

15	**tālāria induit** he puts on the sandals
	aequora the seas
	arcem fundantem founding the citadel
	fundāmenta foundations
20	**regnī** kingdom
	oblītus forgetful (of)
	mandāta commands
	cessās do you linger?
	ēuānēscit vanishes
25	**arcessit** she summons
	perfide traitor!
	spernis you despise
	moritūram doomed to die
	commōtus disturbed, distraught
30	
	sponte of my own will
	tum uērō then indeed
	exardēscit flares up
	sērius ōcius sooner or later
35	**posterī** my descendants
	ultiōnem vengeance
	tibi exigent will exact from you
	exanimāta in a faint
40	**nāuēs soluunt** set sail (lit. untie their ships)
	īnfēlīx unhappy
	parantēs preparing
	dederat had given
	pectus breast
	lūgent mourn
	succendunt they light
	surgentem rising

Aeneas' son (on the right), Dido and Aeneas out hunting

Fābella: Aenēās Dīdōnem dēserit

Persōnae: **Aenēās, Faber prīmus, Faber alter, Faber tertius, Mercurius, Trōiānus prīmus, Trōiānus alter, Dīdō**

Aenēās in lītore Libyae cessat; Carthāginis arcem Dīdōnī aedificat.

faber workman
alter second
tertius third
cessat is lingering
arcem citadel
mediam urbem the middle
  of the city
cōnficere finish
merīdiēs midday
arbore tree
quō? where to?
paulīsper for a little while

Aenēās: festīnāte, fabrī. saxa ad mediam urbem portāte arcemque aedificāte.
Faber prīmus: semper saxa portāmus. fessī sumus.
Aenēās: nōlīte cessāre, fabrī. arcem dēbēmus cōnficere rēgīnae.
Faber alter: nōn possumus diūtius labōrāre. merīdiēs est. mihi placet sub arbore
5   iacēre et dormīre.
Aenēās: quō abītis? redīte. iubeō uōs illa saxa portāre.
Faber tertius: nōn tū nōs regis, sed Dīdō. Dīdō semper nōs iubet merīdiē dormīre.
Aenēās: abīte, hominēs, paulīsper; sed celeriter redīte et arcem mihi cōnficite.

appāret appears
Iouis of Jupiter

abeunt fabrī. Aenēās sōlus in lītore sedet. Mercurius subitō Aenēae appāret nūntiumque Iouis eī dat.

fātī immemor forgetful of
10   your destiny
an or

Mercurius: Aenēā, quid facis? cūr in lītore Libyae cessās, fātī immemor, et Dīdōnī urbem aedificās?
Aenēās: quis mihi dīcit? deus an homō?
Mercurius: ego Mercurius sum, deōrum nūntius. Iuppiter, pater deōrum et rēx hominum, mē mittit ad tē.
Aenēās: cūr tē mittit Iuppiter? quid mē facere iubet?
15   **Mercurius:** Iuppiter tibi īrātus est, quod in Libyā cessās. iubet tē ad Italiam festīnāre nouamque urbem Trōiānīs condere.

Mercurius ēuānēscit. Aenēās territus est.

ēuānēscit vanishes

Aenēās: quid facere dēbeō? nōn possum deōrum imperia neglegere. ad comitēs festīnāre dēbeō eōsque
20   iubēre nāuēs parāre.

Aenēās ad comitēs festīnat. illī in lītore quiēscunt.

Aenēās: audīte, comitēs. nāuēs parāte. dēbēmus statim ā Libyā nāuigāre.
Trōiānus prīmus: quid nōbīs dīcis, Aenēā? fessī sumus. cupimus in Libyā manēre. nōlī nōs iubēre
25   iterum in marī labōrāre.

Mercury, the messenger of Jupiter

Dido and Aeneas

Aenēās: tacē, amīce. Iuppiter ipse nōs iubet ad Italiam nāuigāre nouamque Trōiam condere.

Trōiānus alter: quid nōbīs dīcis? Iuppiter ipse nōs iubet nouam Trōiam in Italiā condere? gaudēte, comitēs. nec uentōs nec tempestātēs timēmus. festīnāte ad lītus et nāuēs celeriter parāte.   30

exeunt Trōiānī laetī. Aeneas solus et trīstis in lītore manet.

Aenēās: quid facere dēbeō? Dīdō mē amat. quōmodo possum eī dīcere imperia deōrum? quōmodo possum eam dēserere?

sed Dīdō omnia iam cognōuit; misera et īrāta Aenēam exspectat. ubi ille aduenit, furor et īra animum eius superant.

Dīdō: perfide, tūne temptās tacitus abīre? neque amor meus tē retinet nec fidēs tua? mē dēseris? mē sōlam relinquis, moribundam?·

Aenēās: nōlī mē culpāre, Dīdō. inuītus tē relinquō. inuītus Italiam petō.   35

Dīdō: perfide, sīc tū meās lacrimās spernis? sīc tū omnia mea beneficia rependis? ī nunc. ego tē nōn retineō. Italiam pete. nouam urbem Trōiānīs conde. sed haec tē moneō: quod tū mē prōdis amōremque meum spernis, ultiōnem dīram exspectā. sērius ōcius aut ego aut posterī poenās tibi exigent.

Dīdō ad terram dēcidit, exanimāta. Aenēās trīstis et ānxius ad comitēs redit nāuēsque parat.

---

ipse himself
quōmodo? how?
dēserere desert
cognōuit has learned
furor madness
eius her
superant overcome
perfide traitor!
temptās you try
fidēs faithfulness
moribundam to die
culpāre blame
inuītus unwilling(ly)
lacrimās tears
spernis do you despise?
beneficia kindnesses
rependis do you repay?
prōdis you betray
ultiōnem dīram a terrible vengeance
poenās ... exigent will exact punishment
exanimāta in a faint

Quīntus ad lūdum festīnābat; subitō Gāium uīdit.

Gāius arborem (*a tree*) ascendēbat. Quīntus ad eum festīnāuit.

ānxius erat; clāmāuit: "quid facis, Gāī? dēscende."

Gāius eum audīuit; ad terram rediit Quīntumque salutāuit.

44

These cartoons introduce two different past tenses, the imperfect and the perfect. From now on the perfect tense is given as the third principal part in the chapter vocabularies. For all other verbs, including those you already know, it is given in the vocabulary section at the end of the book. A number of verbs have irregular principal parts and you will have to learn these later.

(a) Comitia

VOCABULARY 10A

VERBS

creō, creāre, creāuī   I make, elect
ferō, ferre, tulī (see GEC page 316)   I carry, bear
prōmittō, -ere, prōmīsī   I promise
sum, esse, fuī   I am

NOUNS

aura, -ae, f.   breeze, air
colōnia, -ae, f.   colony, country town
turba, -ae, f.   crowd
dīuitiae, -ārum, f. pl.   riches
nūntius, -ī, m.   message
argentum, -ī, n.   silver, money
arbor, arboris, f.   tree
ōrātiō, -iōnis, f.   speech
tumultus, -ūs, m.   tumult, riot

ADJECTIVES

candidus, -a, -um   white
optimus, -a, -um   very good, best
pessimus, -a, -um   very bad, worst
grauis, graue   heavy, weighty
pauper, pauperis   poor

ADVERBS

nunc   now
enim*   for
tamen*   however, but
igitur*   and so

PRONOUNS

alter, altera, alterum   another, the other
quīdam, quaedam, quoddam   a certain

*These words come as the second word in the sentence

comitia the elections
parietibus walls
pictī painted
sīcut like
ōrō uōs...faciātis I beg you
    to make   5
uestrae your
gerēbant they were wearing
fautōrum of supporters
comitābat was accom-
    panying
colloquium conversation 10
magistrātum magistracy,
    office
fīunt they become
nisi except
pūtidī rotten   15
sīcut like
parātus prepared, ready
quadrantem a cent coin
dē stercore from the dung
dentibus with his teeth
quōmodo how?
comparāuit did he get
furcifer a thief

comitia iam aderant. cīuēs nouōs duouirōs creāre dēbēbant. per omnēs uiās in parietibus casārum nūntiī candidātōrum pictī erant, sīcut:

ŌRŌ VŌS M. EPIDIUM SABĪNUM DUOVIRUM FACIĀTIS. CANDIDĀTUS DIGNUS EST, COLŌNIAE VESTRAE DĒFĒNSOR.

cīuēs in uiās festīnābant candidātōsque spectābant. illī per uiās ambulābant; togās candidās gerēbant. turba fautōrum eōs comitābat. illī ōrātiōnēs habēbant; multa prōmittēbant quae efficere nōn poterant. cīuēs eōs audiēbant; paucī tamen eīs crēdēbant.

Flaccus in tabernā sedēbat et colloquium cum amīcīs faciēbat. Ganymēdēs, senex querulus et miser, "candidātīs crēdere nōn possumus," inquit; "cum enim magistrātum petunt, omnia prōmittunt. cum duouirī fīunt, nihil faciunt. nihil cūrant nisi argentum suum."

Philērus "uēra dīcis, Ganymēdēs," inquit; "omnēs candidātī pūtidī sunt, sīcut Chrȳsanthus, homō pessimus. ōlim pauper erat. parātus fuit quadrantem dē stercore dentibus tollere. nunc dīuitiās innumerābilēs habet. quōmodo illās dīuitiās sibi comparāuit? furcifer est."

Part of an election poster from Pompeii

A Roman bar

Flaccus tamen inuītus amīcōs audiēbat: "nōlī nūgās nārrāre, amīce," inquit; "iam dēbēmus ad comitium īre et suffrāgia ferre. surgite, amīcī et mēcum uenīte." omnēs igitur ad forum prōcessērunt et ad comitium festīnāuērunt. in triuiīs occurrērunt duōbus candidātīs quī ad comitium prōcēdēbant. pistōrēs alterī fauēbant; titulum ferēbant in quō haec īnscrīptiō picta erat:

C. IŪLIUM POLYBIUM DUOVIRUM ŌRŌ VŌS FACIĀTIS; PĀNEM BONUM FACIT.

alterī fauēbant mūliōnēs.

    aliī aliōs uituperābant. mox saxa per aurās uolābant. multī uulnera accēpērunt, multī timēbant domumque rediērunt. tandem candidātus quīdam, uir grauis et spectātus, ōrātiōnem ad cīuēs habuit tumultumque sēdāuit. omnēs ad comitium prōcessērunt, suffrāgia tulērunt, nouōs duouirōs creāuērunt. fautōrēs eōrum laetī clāmāuērunt uictōrēsque triumphantēs domum dūxērunt. Flaccus domum festīnāuit Scintillaeque omnia nārrāuit.

nūgās nonsense	
comitium the polling station	
suffrāgia (our) votes	20
in triuiīs at a crossroad	
pānem bread	
pistōrēs the bakers	
alterī one (of two)	
alterī the other (of two)	
fauēbant (+ dat.) favored, supported	25
titulum a notice board	
mūliōnēs mule-drivers	
uituperābant began to abuse	
spectātus respected	30
sēdāuit calmed	
tulērunt (perf. of **ferō**) cast	

Respondē Latīnē

1. cūr ciuēs candidātīs nōn crēdēbant?
2. quid dīxit Ganymēdēs dē candidātīs?
3. quid dīxit Philērus dē Chrȳsanthō?
4. quid respondet Flaccus?
5. quid accidit (*happened*) in triuiīs?

(b) Flāuius arithmēticam docet

Roman coin showing a citizen voting

VOCABULARY 10B

VERBS
superō, -āre, superāuī I overcome
temptō, -āre, temptāuī I try
addō, -ere, addidī I add
legō, -ere, lēgī I read
supersum, -esse, -fuī I am left, survive

NOUN
numerus, -ī, m. number

ADJECTIVE
facilis, facile easy

ADVERB
tandem at last

euge! good!
poteris will be able
rem tuam your fortune
iamdūdum long ago
didicerat had learned
hiābat was yawning
interdum from time to time
centuriōnis of a centurion
inuidēbat (+ dat.) was
   envious of
ingeniōsus clever
sanguis blood
nāribus nostrils
surrēxit he got up

dum Flaccus ad comitia prōcēdit, Quīntus in lūdō sedēbat. Flāuius
arithmēticam docēbat; "dīc mihi, Gāī," inquit; "sī dē quīnque dēductus est
ūnus, quid superest?" Gāius respondit: "quattuor." Flāuius "euge!" inquit;
"tū poteris rem tuam seruāre." multī puerōrum etiam nunc numerōs neque
addere nec dēdūcere poterant. Quīntus iamdūdum numerōs didicerat
litterāsque facile legēbat. nunc pictūrās scrībēbat, saepe hiābat, interdum
dormiēbat. tandem Flāuius puerōs domum dīmīsit.

    puerī laetī in uiam festīnāuērunt. Quīntus cum amīcīs ambulābat, cum
accessit Decimus, quī fīlius centuriōnis erat, puer magnus et stultus. Quīntō
inuidēbat quod ingeniōsus erat. ad pugnam eum uocāuit. ille resistere
temptāuit. Decimus tamen eum facile superāuit. ad terram cecidit; tunica
scissa erat, sanguis ē nāribus effluēbat. surrēxit et domum cucurrit.

    ubi domum rediit, Scintilla eum rogāuit: "Quīnte, cūr tam sordidus es?
cūr tunica scissa est?" Quīntus mātrī omnia nārrāuit. illa nihil respondit sed
casam trīstis intrāuit.

5

10

15

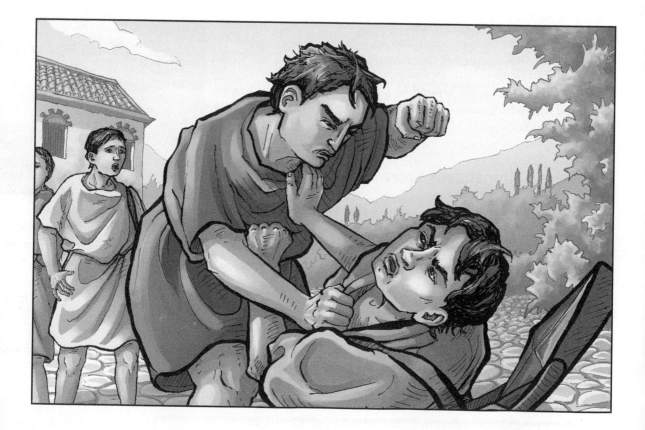

(c) Flaccus cōnstituit Quīntum Rōmam dūcere

VOCABULARY 10C

VERBS	NOUNS

VERBS

fleō, flēre, flēuī   I weep
habeō, habēre, habuī   I have
uīuō, uīuere, uīxī   I live

NOUNS

hōra, -ae, f.   hour
lacrima, -ae, f.   tear
hiems, hiemis, f.   winter
iter, itineris, n.   journey
tempus, temporis, n.   time
uēr, uēris, n.   spring
domī (locative)   at home

ADJECTIVE

posterus, -a, -um   next

ADVERB

satis   enough (+ gen., e.g. **satis
argentī** = enough money)

PREPOSITION

sine + abl.   without

---

posterō diē Scintilla Flaccō dīxit: "Quīntus nihil discit in eō lūdō. ingeniōsus
est. dēbet Rōmam īre ad optimum lūdum." Flaccus "uxor cāra," inquit, "nōn
potest Quīntus sōlus iter Rōmam facere." illa eī respondit: "uēra dīcis, mī
uir; tū dēbēs eum Rōmam dūcere." Flaccus "nōn possum tē Horātiamque
sōlās relinquere, nec satis argentī habeō."   5

   diū rem disserēbant. tandem Scintilla "nōlī dēspērāre; ego et Horātia
possumus hīc manēre et frūgāliter uīuere; tū dēbēs Quīntum Rōmam
dūcere." tōtam hiemem Quīntus domī manēbat parentēsque iuuābat. omnēs
dīligenter labōrābant. Quīntus agrum colēbat: Flaccus partēs coāctōris agēbat
et sīc multum argentum comparāuit.   10

   uēr accēdēbat cum Flaccus uxōrī dīxit: "satis argentī habēmus. tempus est
Quīntum Rōmam dūcere." duōbus diēbus omnia parāta erant. posterō diē
Flaccus Quīntusque Scintillam ualēre iussērunt.

   māter flēbat deōsque ōrābat: "ō deī," inquit, "seruāte filium meum. red-
dite eum mihi incolumem. ō Flacce, filium nostrum cūrā. ō Quīnte, bonus   15
estō puer et mox domum redī." filium uirumque complexū tenēbat, deinde
rediit in casam ualdē commōta.

   Horātia Argusque cum eīs ad prīmum mīliārium contendērunt. deinde
Horātia eōs ualēre iussit Argumque domum redūxit, nōn sine multīs lacrimīs.
tertiā hōrā diēī illī, et trīstēs et laetī, uiam iniērunt quae Rōmam dūcēbat.   20

mī uir my husband

disserēbant they discussed
frūgāliter cheaply, frugally
colēbat cultivated
partēs coāctōris agēbat
   worked as an auctioneer

ualēre iussērunt said good-
   bye to

estō be (imperative of sum)

mīliārium milestone

Chapter 11

Quīntus Rōmam aduenit

◇◇◇◇◇◇◇◇◇◇ **PATTERN SENTENCES** ◇◇◇◇◇◇◇◇◇◇

sōl iam occiderat cum puerī domum rediērunt.

prīmā hōrā domō discessērunt; trēs hōrās ad urbem festīnābant; tandem Rōmam
    aduēnērunt.

VOCABULARY 11

VERBS

excitō, -āre, excitāuī   I rouse, wake up

iaceō, iacēre, iacuī   I lie (down)

contendō, -ere, contendī   I march, go

emō, emere, ēmī   I buy

NOUNS

flūmen, flūminis, n.   river

populus, -ī, m.   people

uestīmenta, -ōrum, n. pl.   clothes

ADJECTIVES

aeternus, -a, -um   eternal

altus, -a, -um   high

apertus, -a -um   open

longus, -a, -um   long

pulcher, pulchra, pulchrum   beautiful

sacer, sacra, sacrum   sacred

uacuus, -a, -um   empty

difficilis, -e   difficult

ADVERBS

continuō   straight away

longē   far

numquam   never

tam   so

hīc...illīc   here...there

hūc...illūc   this way...that way

ubīque   everywhere

PRONOUN

aliquis, aliquid   someone, something

CONJUNCTION

ubi   when; where

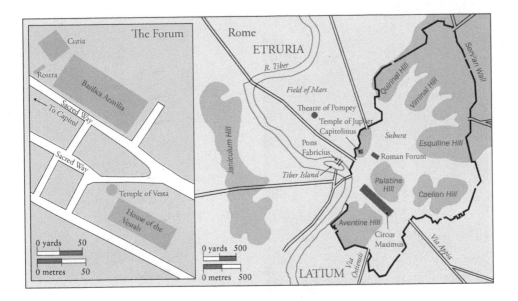

Quīntus paterque Rōmam contendēbant. iter longum erat et difficile. quīntō diē collem ascendērunt. Venusia longē aberat. Quīntus ualdē fessus erat. mīliārium prope uiam uīdit. accessit et īnscrīptiōnem lēgit; RŌMA CENTUM MĪLIA PASSUUM. "ō pater," inquit "quīnque diēs contendimus. montēs et flūmina trānsiimus; sed Rōma adhūc abest centum mīlia passuum. ego ualdē fessus sum. nōn possum longius contendere." Flaccus "nōlī dēspērāre, fīlī," inquit; "fortis estō. paullum quiēsce. mox iter cōnfectum erit."

decimō diē moenia Rōmae uīdērunt; ad portās festīnāuērunt. nox iam uēnerat cum urbem intrāuērunt. paruum hospitium inuēnērunt; cēnāuērunt et post cēnam continuō dormīuērunt. posterō diē prīmā lūce Flaccus Quīntum excitāuit. lentē prōcēdēbant per uiās urbis.

tandem in Uiā Sacrā ambulābant et mox ad forum aduēnerant. nec Quīntus nec pater aedificia tam magnifica umquam uīderat. diū stābant attonitī; deinde omnia spectābant. hīc erat templum Vestae, ubi Virginēs Vestālēs ignem aeternum cūrābant; illīc erat Basilica Aemilia ubi magistrātūs iūs dīcēbant; hīc erant rōstra, ubi magistrātūs ōrātiōnēs ad populum habēbant. illīc steterat cūria; iam ruīnīs iacēbat, in tumultū ambusta. ā fronte erat mōns Capitōlīnus, ubi stābat templum ingēns Iovis.

5	**adhūc** still
	longius any further
	paullum for a little
	erit will be
10	**hospitium** inn
15	**aedificia** buildings
	Virginēs Vestālēs the Vestal Virgins
	magistrātūs the magistrates
	iūs dīcēbant dispensed
20	justice
	cūria the senate house
	ruīnīs in ruins
	ambusta burnt
	ā fronte in front
	Iovis of Jupiter

The day after, at first light (handwritten annotation)

A Roman milestone

The temple of Vesta, Rome

extrā iānuam outside the
   door
recitantēs reciting   *25*
corrigentem correcting
domicilium a lodging

omnia diū spectāuerant, cum Flaccus "uenī, filī," inquit. "iam lūdum
Orbilī dēbēmus quaerere." ā forō discessērunt collemque ascendērunt; mox
ad lūdum Orbilī aduēnerant. extrā iānuam lūdī stetērunt. puerōs audīre
poterant recitantēs Orbiliumque eōs corrigentem. nōn tamen intrāuērunt.
Flaccus "uenī, Quīnte," inquit; "domicilium dēbēmus quaerere et noua
uestīmenta emere."

aedēs houses   *30*
īnsulae tenements
angustae narrow
uestiārium a clothes shop
praetextam purple-bordered
grātiās ēgit thanked (gave   *35*
   thanks to)
īnsulam a tenement
iānitōrem the doorkeeper
aulā courtyard
condūcere rent
domicilium lodging

Quīntus paterque ē mediā urbe discessērunt et prōcēdēbant ad Subūram,
ubi pauperēs habitābant. ibi nūllae erant aedēs magnae, sed altae īnsulae, in
quibus habitābant multae familiae. uiae sordidae erant et angustae. multī
hominēs hūc illūc currēbant; clāmor ubīque et tumultus. mox ad uestiārium
uēnērunt; Flaccus Quīntō togam praetextam tunicamque candidam ēmit;
Quīntus, quī numquam uestīmenta tam splendida habuerat, patrī grātiās
ēgit. deinde in Subūram prōcessērunt domiciliumque quaerēbant. Flaccus
īnsulam intrāuit cuius iānua aperta erat iānitōremque quaesīuit. inuēnit eum
in aulā dormientem. Flaccus eum excitāuit et dīxit: "ego filiusque domum
quaerimus; habēsne domicilium quod condūcere possumus?" ille nōn surrēxit
sed Flaccō respondit: "nūllum domicilium habeō uacuum. abī."

pater fīliusque in uiam trīstēs abierant cum aliquis eōs reuocāuit; fēmina quaedam ē iānuā festīnāuit, anus rūgōsa, quae "manēte," inquit; "uir meus caudex est, semper ēbrius. errāuit. ūnum cēnāculum habēmus uacuum. uenīte."

    dūxit eōs anhēlāns ad summum tabulātum. ibi erat cēnāculum paruum et sordidum. iānitōris uxor "ecce," inquit, "domicilium pulchrum, unde opti-mum habēs prōspectum. uīsne hoc cēnāculum condūcere? quīnque dēnāriōs rogō." Flaccus īrātus erat; "nimium rogās," inquit; "cēnāculum paruum est et sordidum. trēs dēnāriōs dare uolō." illa "trēs dēnāriōs dīcis, furcifer? dā mihi quattuor dēnāriōs sī cēnāculum condūcere uīs." Flaccus inuītus concessit et quattuor dēnāriōs eī trādidit. abiit fēmina ad iānitōrem. Quīntus nouam domum trīstis spectābat.

40	**anus rūgōsa** a wrinkled old woman
	caudex a blockhead
	ēbrius drunk
	cēnāculum garret, attic
45	room
	anhēlāns panting
	summum tabulātum the top storey
	prōspectum view
50	**condūcere** to rent
	dēnāriōs denarii
	nimium too much
	furcifer thief
	concessit gave in

Respondē Latīnē

1. ubi Flaccus Quīntusque ad forum aduēnerunt, cūr attonitī erant?
2. quid faciēbant Virginēs Vestālēs?
3. ubi (*where?*) magistrātūs iūs dīcēbant?
4. quid ēmit Flaccus in uestiāriō?
5. cūr nōn uult Flaccus quīnque dēnāriōs uxōrī iānitōris dare?

A Roman tenement

VOCABULARY 12

VERBS

appellō, -āre, appellāuī   I call
lauō, -āre, lāuī   I wash
recitō, -āre, recitāuī   I recite
rīdeō, -ēre, rīsī   I laugh
studeō, -ēre, studuī + dat.   I study (something)
agō, agere, ēgī   I do, manage; I drive
induō, -ere, induī   I put on
intellegō, -ere, intellēxī   I understand
trādō, -ere, trādidī   I hand over

NOUNS

poēta, -ae, m.   poet
grātiae, -ārum, f. pl.   thanks
schola, -ae, f.   lecture, school, schoolroom
discipulus, -ī, m.   pupil
liber, librī, m.   book
uōx, uōcis, f.   voice
gradus, -ūs, m.   step
uultus, -ūs, m.   face, expression
diēs, diēī, m.   day
merīdiēs, merīdiēī, m.   midday
rēs, reī, f.   thing, affair   rē uērā   in truth, really, in fact

ADJECTIVES

rēctus, -a, -um   straight, right
seuērus, -a, -um   strict, severe

ADVERBS

cotīdiē   every day
quoque   also
quandō?   when?

PRONOUNS

nēmō, (gen.) nūllīus, (dat.) nēminī, (acc.) nēminem, (abl.) nūllō, c.   no one
quisquam, quicquam   anyone, anything (after a negative)

prīmā lūce Flaccus Quīntum excitāuit. ille sē lāuit et nouam tunicam induit.
pater filiusque in uiam dēscendērunt et festīnābant ad lūdum Orbilī. Flaccus capsulam Quīntī manibus ferēbat partēsque paedagōgī agēbat. celeriter
contendēbant et mox ad lūdum peruēnerant.

iānua aperta erat. intrāuērunt Orbiliumque quaesīuērunt. inuēnērunt   5
eum in aulā sedentem. uir grauis erat; barbam longam habēbat uultumque
seuērum; in manū ferulam tenēbat. Flaccus accessit "ecce!" inquit, "magister,
filium meum Quīntum ad tē dūcō." ille Quīntum īnspēxit et "uenī hūc,
Quīnte," inquit, et "pauca mihi respondē."

Orbilius multa Quīntum rogāuit, prīmum dē rēbus Rōmānīs; "quis" in-   10
quit "Rōmam condidit? quis Tarquinium Superbum Rōmā expulit? quandō
Hannibal in Italiam inuāsit?" et multa alia. Quīntus facile respondēre poterat.
deinde Orbilius librum eī trādidit iussitque eum legere. Quīntus librum
manibus accēpit et facile eum lēgit. Orbilius "euge" inquit; "puer bene legere
potest." deinde librum Graecē scrīptum Quīntō trādidit. Flaccus ānxius erat;   15
ad Orbilium prōdiit; "filius meus" inquit "Graecē nec dīcere nec legere potest." Orbilius attonitus est. "quid?" inquit "quid? puer Graecē nec dīcere nec
legere potest? dēbet statim litterās Graecās discere." librum Quīntō trādidit
Graecē scrīptum iussitque eum omnēs litterās celeriter discere.

cēterī puerī iam aduēnerant. Orbilius "uenī, puer," inquit; "tempus   20
est studēre." Quīntum in scholam dūxit. ubi intrāuērunt, omnēs puerī
surrēxērunt magistrumque salūtāuērunt. ille Quīntum in medium dūxit et
"ecce, puerī," inquit, "nouum discipulum uōbīs commendō. nōmen eī est
Quīntus Horātius Flaccus. barbarus est; Graecē nec dīcere nec legere potest."
omnēs puerī rīdebant. Orbilius "tacēte, puerī," inquit; "Quīnte, ad angu-   25
lum abī et litterās Graecās disce." itaque Quīntus in angulō scholae sedēbat
litterīsque Graecīs studēbat. Orbilius cēterōs Iliadem Homērī docēbat; omnēs
Homērum facile intellegere poterant; omnēs uersūs Graecōs rēctē recitābant.
interdum puerōrum quīdam sē uertit et nārēs fastīdiōsē corrūgāuit. Quīntus
ualdē miser erat; domum redīre cupiēbat.   30

merīdiē Orbilius puerōs dīmīsit iussitque eōs in aulā paulīsper lūdere.
omnēs laetī in aulam cucurrērunt. dum cēterī lūdēbant, Quīntus sōlus stābat;
nēmō cum eō lūdēbat; nēmō quicquam eī dīxit. tandem puer quīdam ad
eum accessit et "nōlī dēspērāre, Quīnte," inquit; "Orbilius seuērus est, sed
doctus. puerōs ignāuōs seuērē punit; eum appellāmus plāgōsum Orbilium.   35
sed sī dīligenter studēs, cōmis est." Quīntus eī respondēre uolēbat, sed eō ipsō
tempore, Orbilius in scholam puerōs reuocāuit.

capsulam satchel	
partēs paedagōgī the role of a tutor	
in aulā in the courtyard	
sedentem sitting	
barbam beard	
ferulam cane	
euge! good!	
Graecē scrīptum written in Greek	
prōdiit went up	
ecce! look!	
commendō I introduce	
angulum corner	
interdum from time to time	
nārēs fastīdiōsē corrūgāuit turned up his nose disdainfully	
paulīsper for a little	
doctus learned, clever	
ignāuōs lazy	
plāgōsum flogger	
cōmis friendly	

interdum puerōrum quīdam sē uertit et nārēs fastīdiōsē corrūgāuit

post merīdiem poētae Latīnō studēbant; Quīntus aliquid intellegere poterat. tandem Orbilius puerōs dīmīsit. Quīntus cum patre trīstis ad Subūram
redībat. "ō pater," inquit, "cēterī puerī magnī et ingeniōsī sunt; omnēs Graecē
dīcere possunt. ego paruus sum et uix quicquam intellegere possum. et
magister ualdē seuērus est." ille "nōlī dēspērāre, cāre fīlī," inquit; "tū quoque
ingeniōsus es. celeriter discēs."

cotīdie Flaccus fīlium ad lūdum Orbilī dūcēbat. Quīntus celeriter
discēbat, et mox Graecē et dīcere et scrībere poterat. Orbilius eum laudābat,
quod optimus erat discipulus. prīmum Quīntus miserrimus erat. cēterī enim
puerī eum uītābant nec cum eō lūdere uolēbant. tandem tamen is quī prīmō
diē eum salūtāuerat ad eum accessit et "Quīnte," inquit, "mihi nōmen est
Marcus Tullius Cicerō. nōn dēbēs sōlus hīc stāre. uenī mēcum comitēsque
meōs salūtā." Quīntum ad comitēs suōs dūxit et "amīcī," inquit, "uōbīs
commendāre uolō Quīntum Horātium Flaccum. nōnne uultis eum salūtāre
et accipere in lūdōs nostrōs?" cēterī puerī Marcum suspiciēbant, quod puer
erat magnus et lautus; praetereā pater eius erat uir īnsignissimus, quī cōnsul

A Roman boy with his teacher

fuerat et ōrātor clārissimus. itaque omnēs Quīntum salūtāuērunt atque in
lūdōs suōs accēpērunt.

clārissimus very famous

55

Respondē Latīnē

1. quid manibus ad lūdum ferēbat Flaccus?
2. ubi (*where*) Orbilium inuēnērunt?
3. cūr Orbilius attonitus est?
4. ubi (*where*) Quīntus litterīs Graecīs studēbat?
5. quid tandem fēcit Marcus?

haec nāuis breuior est quam illa; haec nauis breuissima est.

hic canis maior est quam ille; hic canis maximus est.

numquam puellam amīciōrem uīdī quam Horātiam; Horātia amīcissima est.

numquam puerum cognōuī peiōrem quam Decimum; Decimus pessimus est.

What do **breuior** and **breuissima** mean? And what does **breuior quam** mean?

VOCABULARY 13

VERBS

aperiō, -īre, aperuī   I open
cōnficiō, -ere, cōnfēcī   I finish
gerō, gerere, gessī   I carry, carry on, wear
pereō, perīre, periī   I perish
stō, stāre, stetī   I stand
uīsō, -ere, uīsī   I visit
uendō. -ere, uendidī   I sell

NOUNS

epistola, -ae, f.   letter
ātrium, -iī, n.   hall
ingenium, -iī, n.   nature, character, talent
aedēs, aedium, f. pl.   house
latus, lateris, n.   side
soror, sorōris, f.   sister
domus, domūs, f.   home

ADJECTIVES

clārus, -a, -um   clear, bright, famous
ingeniōsus, -a,-um   talented, clever
celer, celeris, celere   quick
breuis, -e   short

ADVERBS

celeriter   quickly
posteā   afterwards

PRONOUN

is...quī   the man who

---

paucīs post diēbus, ubi Orbilius puerōs dīmīsit, Quīntus domum
ambulābat, cum accurrit Marcus. "Quīnte," inquit, "nōnne uīs domum
mēcum uenīre patremque meum uīsere?" Quīntus uerēcundus erat; "rē
uērā" inquit "mē domum tuam uocās? nōnne pater tuus rēbus plūrimīs
occupātus est?" ille respondit: "semper occupātus est meus pater. semper
tamen uult amīcōs meōs uidēre. trīstissimus est; hōc annō soror mea, Tullia,
patris dēliciae, periit. adhūc eam lūget sed ubi amīcīs meīs occurrit, paullum
hilarior fit. uenī."

  forum trānsiērunt montemque Palātīnum ascendērunt. mox ad Marcī
aedēs aduēnērunt. Marcus iānuam pulsāuit; iānitor iānuam aperuit Mar-
cumque salūtāuit; "saluē, Marce," inquit, "intrā." Marcus eum rogāuit: "dīc
mihi, ubi est pater?" ille "pater tuus" inquit "est in tablīnō. epistolās scrībae
dictat."

nōnne uīs? don't you want?
uerēcundus shy

dēliciae (f. pl.) the darling
paullum hilarior fit he becomes a little more cheerful
pulsāuit knocked
saluē greetings
tablīnō study

5

10

A grand Roman atrium

Marcus Quīntum in ātrium dūxit. ille numquam aedēs tam magnificās
uīderat; ātrium longissimum erat et altissimum; in omnibus lateribus erant
maximae iānuae. Marcus Quīntum dūxit ad iānuam quae ā fronte stābat
et pulsāuit. aliquis uōce blandā "intrā" inquit. Marcus iānuam aperuit
Quīntumque in tablīnum dūxit.

pater Marcī prope mēnsam stābat. uultum trīstem habēbat et ānxium sed
beneuolum; togam praetextam gerēbat tabulamque in manū tenēbat. ubi
intrāuit Marcus, sē uertit; eī arrīsit et "manē paulīsper," inquit; "ego epistolam
maximī mōmentī ad Atticum dictō." Marcus Quīntō susurrāuit: "Atticus est
amīcus cārissimus meī patris ad quem semper epistolās longissimās scrībit dē
rēbus pūblicīs." pater Marcī iam epistolam cōnfēcerat et scrībae dīxit: "epistolam statim signā et cursōrī trāde."

Cicerō ad puerōs sē uertit. "uenī hūc, Marce," inquit "et amīcum tuum
mihi commendā." Marcus Quīntum ad patrem dūxit et "ecce, pater," inquit;
"uelim amīcum meum Quīntum Horātium Flaccum tibi commendāre. puer
ualdē ingeniōsus est. Orbilius in ingeniō eius maximam spem pōnit. cum
adolēuerit, uir clārissimus fīet." Cicerō ad Quīntum sē uertit et "gaudeō"
inquit "quod fīlius meus amīcum tam ingeniōsum habet." deinde pauca
Quīntum rogāuit dē studiīs eius; ille studia optimē exposuit. Cicerō "euge,"
inquit; "Marcus uērum dīcit; puer ualdē ingeniōsus es. sī uīs, tibi licet librōs
meōs īnspicere. Marce, dūc Quīntum ad bibliothēcam."

ā fronte in front (of them)
blandā pleasant

mēnsam table
praetextam purple-bordered
arrīsit smiled at
paulīsper for a little
mōmentī of importance
susurrāuit whispered
scrībae to his secretary
signā seal
cursōrī to (my) courier
commendā introduce
uelim I should like
adolēuerit he grows up
fīet he will become
euge! good!
uērum the truth
tibi licet you may
bibliothēcam library

15
20
25
30

Respondē Latinē

1. ubi erant aedēs Marcī?
2. ubi ad aedēs aduēnērunt, quid faciēbat Marcī pater?
3. quid Marcus patrī dē Quīntō dīcit?
4. cūr gaudet Cicerō?
5. quō Cicerō fīlium iubet Quīntum dūcere?

Quīntus Marcum uīdit ad sē accurrentem.

Cicerō puerōs uīdit tablīnum intrantēs.

(a) Caesaris triumphī

VOCABULARY 14A

VERBS	NOUNS

VERBS

nūntiō, -āre, nūntiāuī   I announce
  prōnūntiō   I proclaim
ēdō, -ere, ēdidī   I give out, proclaim
fīo, fierī   I become, am made
praetereō, -īre, praeteriī   I go past,
  pass

NOUNS

mora, -ae, f.   delay
spectāculum, -ī, n.   spectacle, show
caput, capitis, n.   head
genus, generis, n.   kind, type, race,
  birth
legiō, legiōnis, f.   legion
mulier, mulieris, f.   woman

NOUNS (continued)	ADVERBS

multitūdō, multitūdinis, f.   multitude, crowd

ōrdō, ōrdinis, m.   rank, order

pēs, pedis, m.   foot

currus, -ūs, m.   chariot

dēnique   finally, at last

interdum   from time to time

PREPOSITIONS

inter + acc.   among, between

ob + acc.   on account of

---

tempus celeriter fūgit. Quīntus quīnque iam annōs Rōmae mānserat. plūrēs amīcōs habēbat quam numerāre poterat; in diēs laetior fīēbat. ad balnea cum Marcō saepe ībat. ad lūdōs circēnsēs cum aliīs amīcīs īuerat currūsque spectāuerat circum cursum nōn sine perīculō currentēs.

    mēnse Quīntīlī C. Iūlius Caesar ab Āfricā tandem rediit. quattuor   *5*
iam annōs bellum cīuīle per tōtum orbem terrārum gesserat. omnēs quī eī obstābant uīcerat. cōnstituit igitur triumphōs agere ob uictōriās quās reportāuerat ē Galliā, ex Aegyptō, ē Pontō, ex Āfricā. fēriās prōnūntiāuit quīndecim diērum. spectācula omnis generis ēdidit, mūnera gladiātōria, uēnātiōnēs, lūdōs scaenicōs et tragicōs et cōmicōs. nēmō unquam lūdōs   *10*
splendidiōrēs ēdiderat quam ille.

in diēs from day to day
balnea baths
lūdōs circēnsēs the chariot races
mēnse Quīntīlī in the month of July
orbem terrārum world (lit. the circle of lands)
obstābant opposed
reportāuerat he had won
fēriās holiday
mūnera gladiātōria gladiatorial shows
uēnātiōnēs wild beast hunts
lūdōs scaenicōs dramatic shows
lūdōs games

Julius Caesar

serui slaves

pompam the procession

comitātū retinue

clientium of clients *15*
(hangers on)

perrūpit burst through

lectīcā imposita lying on a
litter

crustulāriī cake-sellers *20*

botulāriī sausage-sellers

mercēs wares

uēnditantēs advertising

auidē greedily

plausūs applause *25*

sē trūsērunt they pushed
themselves

legiōnāriī legionary soldiers

fulgentia shining

plaustra wagons *30*

titulōs notices

captārum captured

catēnīs grauātī weighed
down by chains

superbē proudly *35*

sē gerēbat bore himself,
behaved

obitūrus about to meet

palūdāmentum purpureum
a purple cloak

corōnam lauream a laurel
crown

currū quadriiugō four-horse
chariot

uectus carried by, riding in

dextram right

identidem again and again

axis axle

frāctus est was broken,
broke

prīmō diē fēriārum Quīntus prīmā lūce surrēxit festīnāuitque ad lūdum Orbiliī ubi amīcō cuidam nōmine Pūbliō occurrit. sine morā ad forum contendērunt. ibi iam aderat ingēns multitūdō, uirī, fēminae, puerī, cīuēs et seruī, pompam laetē exspectantēs. Quīntus numquam uīderat maiōrem multitūdinem quam illam. interdum senātor cum comitātū clientium per mediam turbam perrūpit. interdum mulier nōbilis ad Capitōlium prōcēdēbat lectīcā imposita, quam ferēbant octō seruī. crustulāriī botulāriīque per turbam ambulābant mercēs suās maximā uōce uēnditantēs. Quīntus ad botulārium praetereuntem accessit plūrimōsque botulōs ēmit; in gradibus templī sedēns botulōs auidē dēuorāuit.

tandem pompa triumphālis accēdēbat. Quīntus Pūbliusque clāmōrēs plausūsque spectātōrum audīre poterant. in prīmum ōrdinem sē trūsērunt pompamque accēdentem spectābant. pompam dūxērunt legiōnāriī, arma fulgentia gerentēs. deinde plaustra innumerābilia praeteriērunt, quae spolia bellī uehēbant. plaustra titulōs ferēbant quī nōmina urbium captārum exhibēbant. plaustrum quod spolia bellī Ponticī ferēbat hunc titulum sōlum exhibēbat: VĒNĪ, VĪDĪ, VĪCĪ

post plaustra captīuī contendēbant, catēnīs grauātī, inter quōs erat Vercingetorix, Gallōrum maximus prīnceps; nēmō hostis Caesaris ferōcior fuerat quam ille; etiam nunc superbē sē gerēbat, mox mortem crūdēlissimam obitūrus.

dēnique Caesar ipse in cōnspectum ueniēbat, palūdāmentum purpureum gerēns et in capite corōnam lauream. currū quadriiugō uectus manum dextram identidem tollēbat, turbam spectātōrum salūtāns. currus Quīntum praeterībat cum subitō axis frāctus est; Caesar ipse ad terram cecidit sed continuō surrēxit montemque Capitōlīnum pedibus ascendit inter duōs ōrdinēs elephantōrum.

A Roman triumph

(b) Quīntus fortūnam suam cognōscit

VOCABULARY 14B

VERBS

cōgitō, -āre, cōgitāuī   I consider, think about

mīlitō, -āre   I serve as a soldier

caueō, -ēre, cāuī   I beware of

prōuideō, prōuidēre, prōuīdī   I foresee

referō, referre, rettulī   I carry back, report

sinō, -ere, sīuī   I allow

sūmo, -ere, sūmpsī   I take

NOUNS

mīles, mīlitis, m.   soldier

uirtūs, uirtūtis, f.   manliness, courage, virtue

ADJECTIVES

dignus, -a, -um + abl.   worthy (of)

crūdēlis, crūdēle   cruel

---

ubi pompa ē cōnspectū prōcessit, Quīntus Pūbliusque sē uertērunt et summā difficultāte per turbam sē trūsērunt. ad cūriam aduēnerant cum anus dīuina eīs obstitit. illa "nōnne uultis, iuuenēs," inquit, "fortūnam uestram cognōscere? age, belle iuuenis, manum tuam mihi porrige." sīc dīxit et manum Pūblī prehendit diūque īnspexit. deinde "iuuenis es summā uirtūte quī mīles fortissimus fīēs, sed cauē, iuuenis, cauē Germāniam. nōlī in Germāniā mīlitāre. mortem prōuideō, mortem crūdēlissimam in siluīs Germāniae." Pūblius manum suam āuulsit. rīsit et "nōlō plūra cognōscere," inquit; "age, tū, Quīnte, fortūnam tuam cognōsce."

Quīntus inuītus dīuīnam sīuit manum suam īnspicere. illa ubi manum eius diū īnspexit, eī arrīsit et "fortūnam optimam tibi prōuideō," inquit; "iuuenis es summō ingeniō. poēta clārissimus fīēs prīncipumque comes. age, cārissime, fortūnam meliōrem nēminī prōuidī quam tibi. dā mihi praemium fortūnā tuā dignum." Quīntus crumēnam ē sinū sūmpsit argentumque eī trādidit. continuō Pūblium ualēre iussit domumque cucurrit. diū cōgitābat dē eīs quae dīuīna eī dīxerat sed nēminī rem rettulit, nē patrī quidem. tandem ea quae tum audīuerat ē memoriā eius cecidērunt, sed paucīs post annīs uerba dīuīnae in animum reuocātūrus erat.

5

cūriam the senate house
anus dīuīna an old fortune-teller
eīs obstitit (+ dat.) stood in their way
belle pretty, handsome
porrige hold out
prehendit seized

10

fīēs will become
āuulsit snatched away
praemium a reward
crumēnam purse
sinū pocket

15

nē...quidem not even
reuocātūrus erat he was going to recall

Respondē Latīnē

1. quō aduēnerant Quīntus Pūbliusque cum anus dīuīna eīs obstitit?
2. quam terram dēbet uītāre Pūblius?
3. quālem fortūnam Quīntō dīuīna prōuīdit?
4. cui rem rettulit Quīntus?

Chapter 15

Īdūs Martiae

◇◇◇◇◇◇◇◇◇◇◇ **PATTERN SENTENCES** ◇◇◇◇◇◇◇◇◇◇◇

Quīntus "pompa accēdit," inquit; "mox Caesarem ipsum uidēbimus."
cum pompam spectāuerimus, domum currēmus.

(a) Quīntus rhētoricae studet

VOCABULARY 15A

VERBS	NOUNS

VERBS

dēlectō, -āre, dēlectāuī   I please, delight

placeō, -ēre, placuī + dat.   I please

mālō, mālle, māluī   I prefer

NOUNS

uīta, -ae, f.   life

campus, -ī, m.   plain, field

iūs, iūris, n.   right

lēx, lēgis, f.   law

carmen, carminis, n.   poem, song

rhētor, rhetoris, m.   teacher of rhetoric   **(ars) rhētorica, -ae**, f. (the art of) rhetoric

ADJECTIVE

uetus, ueteris   old

ADVERBS

nōn iam   no longer

paene   almost

nē...quidem   not even

PREPOSITION

apud + acc.   at the house of, with

CONJUNCTION

dum   while

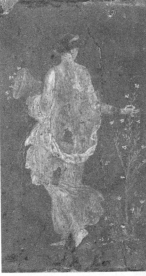

The goddess of flowers, the embodiment of spring

Quīntus nōn iam puer erat sed iuuenis togam uirīlem sūmere parātus.
amīcōrum plūrimī ā lūdō Orbilī discesserant rhētoricaeque studēbant. ipse
nōlebat diūtius in lūdō studēre; cupiēbat lātiōrem campum inīre. hiems
praeterierat, uēr iam aderat. Quīntus in lūdō sedēbat dum Orbilius dē

5   poētā quōdam uetere disserēbat; Quīntus nūllum poētam audīuerat illō
frīgidiōrem. Orbilium nōn attendēbat, sed carmen ipse scrībēbat; hōs uersūs
iam fēcerat quī eī maximē placēbant:

> diffūgērunt niuēs, redeunt iam grāmina campīs
>   arboribusque comae....

10   Orbilius uīdit eum scrībentem. "Quīnte," inquit, "quid facis?" Quīntus
respondit: "ego, magister? nihil faciō. tē audiō." Orbilius "nōn tibi crēdō,
Quīnte," inquit; "uenī hūc et dā mihi illam tabulam."
   Quīntus inuītus magistrō pāruit. surrēxit tabulamque eī trādidit. Orbilius
tabulam īnspexit. ubi uersūs uīdit, īrātus erat. sed mox multō magis īrātus

15   erat; nam in angulō tabulae Quīntus imāginem scrīpserat magistrī.
   Quīntum ferōciter īnspexit et maximā uōce "quid?" inquit "quid?
dum ego optimum poētam expōnō, tū imāginēs magistrī scrībis et uersūs
pessimōs. uidē. hī uersūs nē rēctī quidem sunt." sīc dīxit, ferulamque
sūmpsit. sex plāgās Quīntō dedit, trēs quod magistrum nōn audīuerat, trēs

20   quod malōs scrīpserat uersūs. Quīntus ad sedem rediit, et dolēns et īrātus.
   Quīntus, ubi domum rediit, omnia patrī nārrāuit. ille "Quīnte," inquit,
"paene quīnque annōs in lūdō Orbilī mānsistī. dīligentissimē studuistī.
iam iuuenis es. tempus est studia puerīlia dēpōnere togamque sūmere
uirīlem. quid igitur faciēmus? an domum redībimus et mātrem sorōremque

25   cūrābimus?"
   Quīntus respondit: "sed cum domum redierimus, quid ego faciam? in
agrīs labōrābō?" Flaccus "minimē," inquit; "nōlō tē in agrīs labōrāre per
tōtam uītam tuam. aliquantō diūtius Rōmae manēbimus. tū ad rhētorem
ībis; multa discēs dē iūre et dē lēgibus. mox parātus eris in rēbus pūblicīs

30   partem agere."
   postrīdiē Flaccus filium ad Hēliodōrum dūxit, quī optimus erat rhētorum
multōsque filiōs nōbilium ad artem rhētoricam instituēbat. Quīntum pauca
de studiīs eius rogāuit. ille ad omnia facillimē respondit. Hēliodōrus Flaccō
dīxit: "fīlius tuus iuuenis est magnō ingeniō. si apud mē studuerit, sine dubiō

35   ōlim īnsignis in rē pūblicā fiet. libenter eum in numerum discipulōrum
meōrum accipiam."
   cotīdiē igitur Quīntus ad Hēliodōrum ībat et cum filiīs nōbilium
rhētoricae studēbat. ōrātiōnēs compōnere discēbat; contrōuersiīs intererat;
plūrima de iūre, plūrima dē lēgibus cognōuerat. studia longa et difficilia erant

disserēbat was lecturing
frīgidiōrī more boring
attendēbat was paying
   attention to
niuēs the snows
grāmina (n. pl.) grass
comae leaves

angulō corner
imāginem picture

rēctī correct
plāgās strokes
dolēns smarting, in pain

minimē certainly not
aliquantō a bit

īnstituēbat trained
ōlim one day
īnsignis distinguished
libenter gladly

nec Quīntum multum dēlectābant; mālēbat enim litterīs studēre, in prīmīs *40*
poētīs Graecīs. nihilōminus summā dīligentiā studēbat quod patrī placēre
cupiēbat.

Respondē Latīnē
1. dum Orbilius dē poēta uetere disserēbat, quid faciēbat Quīntus?
2. ubi Orbilius Quīntum uīdit scrībentem, quid dīxit?
3. ubi Quīntus tabulam eī trādidit, cūr etiam magis īrātus erat Orbilius?
4. ubi Quīntus eī omnia nārrāuit, quid respondit pater?
5. quis erat Hēliodōrus?

(b) Īdūs Martiae

A young man in a toga

VOCABULARY 15B

VERBS
lūceō, -ēre, lūxī   I shine
feriō, ferīre, percussī   I strike

NOUN
sōl, sōlis, m.   sun

ADJECTIVES
īnsignis, īnsigne   distinguished, outstanding
tot (indeclinable)   so many

ADVERBS
eō   to there, thither
libenter   gladly
unde   whence, from where
undique   from all sides

PREPOSITION
prō + abl.   in front of, on behalf of

The daggers, the cap of liberty, and the Ides of March

Īdibus Martiīs on the Ides
(15th) of March
amoenus pleasant
lēnis gentle
flābat was blowing   5
ōtiōsus free, at leisure
natābimus we shall swim

Īdibus Martiīs Quīntus, ubi Hēliodōrus discipulōs dīmīsit, lentē domum ambulābat. illā nocte maxima fuerat tempestās sed iam diēs amoenus erat; sōl lūcēbat, aura lēnis per uiās flābat. itaque Quīntus cōnstituit ad Campum Martium īre. in uiā Pūbliō occurrit. "saluē, Pūblī," inquit, "uenī mēcum. ad Campum Martium ībimus." Pūblius "ōtiōsus sum," inquit; "libenter tēcum ībō ad Campum Martium; et cum eō uēnerimus, in flūmine natābimus." forum trānsiērunt et mox in Viā Triumphālī ambulābant. sed ubi ad theātrum Pompeī aduēnērunt, maximam hominum multitūdinem uīdērunt prō theātrō stantem.

conuēnissent had gathered   10
sē īnsinuāuērunt wormed
their way
purpuream purple
corōnam lauream a laurel
crown   15
circumstant stand around

Quīntus amīcusque cognōscere cupiēbant cūr tot hominēs ibi conuēnissent. itaque per turbam sē īnsinuāuērunt in prīmum ōrdinem, unde omnia uidēre poterant. plūrimī senātōrēs aliīque uirī īnsignēs theātrum inībant. deinde ipsum Iūlium Caesarem uīdērunt cum magistrātibus accēdentem. togam purpuream gerēbat et in capite corōnam lauream.

pugiōne with a dagger
brācchium his arm
coniūrātī the conspirators   20
intimum closest
et tū you too
inuoluit wrapped
trīgintā thirty
cōnfossus pierced   25
ērūpērunt burst out
obstupefactī dumbfounded

ubi theātrum iniit, omnēs senātōrēs surrēxērunt Caesaremque salūtāuērunt. dum sedet Caesar, multī senātōrēs eum circumstant. senātor quīdam eum aliquid rogat togamque eius manibus tenet. eō ipsō tempore alter senātōrum eum pugiōne ferit; tertius brācchium uulnerat. Caesar surgere temptāuit, sed coniūrātī eum undique oppugnābant.

inter aliōs Caesar Brūtum uīdit amīcum suum intimum in sē currentem; "et tū, Brūte," inquit. deinde caput togā inuoluit dēciditque ad terram, tribus et trīgintā uulneribus cōnfossus.

coniūrātī Caesarem relīquērunt in terrā iacentem ante statuam Pompeī. ē theātrō ērūpērunt et populō clāmāuērunt: "mortuus est tyrannus; populum Rōmānum līberāuimus." sed omnēs tacitī stābant, rē dīrā obstupefactī.

Quīntus sē uertit domumque cucurrit. ubi domum aduēnit, omnia patrī nārrāuit. Flaccus ānxius eum audīuit. tandem "quid iam futūrum est? inquit; "rēspūblica in maximō perīculō est. sine dubiō tumultūs uidēbimus. tū, Quīnte, cauēre dēbēs."

Caesar lies dead

coniūrāti Caesarem occīdērunt. Caesar ā coniūrātīs occīsus est.

Caesar ā coniūrātīs occīsus in terrā iacēbat.

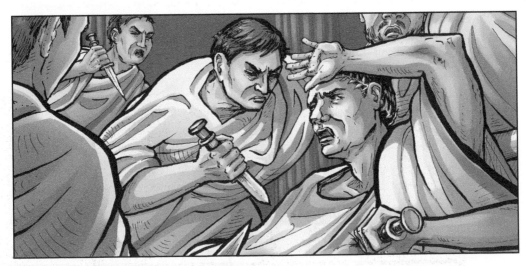

Caesar moritūrus Brūtum uīdit sē oppugnātūrum.

(a) Caesaris fūnus (funeral)

VOCABULARY 16A

From now on the full principal parts of verbs are given in the vocabularies, e.g. **amō** (present indicative), **amāre** (present infinitive), **amāuī** (perfect indicative), **amātum** (supine); for uses of the supine see Chapter 22 (a), note on l. 20; the perfect passive participle is identical in form with the supine except that it ends in **-us** instead of **-um**. The principal parts of deponent verbs (see GEC p. 178) have no supine; their principal parts are, e.g. **cōnor** (present indicative), **cōnārī** (present infinitive), **cōnātus** (perfect participle) + **sum**.

VERBS

uindicō, -āre, uindicāuī, uindicātum   I avenge
ardeō, ardēre, arsī   I am on fire
augeō, augēre, auxī, auctum   I increase
prōuideō, -ēre, prōuīdī, prōuīsum   I foresee
terreō, -ēre, terruī, territum   I terrify
claudō, -ere, clausī, clausum   I shut
furō, -ere   I run mad
rapiō, -ere, rapuī, raptum   I seize
regō, -ere, rēxī, rēctum   I rule, I steer
ruō, -ere, ruī, -rutum   I rush

NOUNS

exitium, exitiī, n.   destruction
ōtium, ōtiī, n.   leisure, ease, peace
proelium, proeliī, n.   battle
furor, furōris, m.   madness, fury
pāx, pācis, f.   peace
potestās, potestātis, f.   power

ADJECTIVES

plēnus, -a, -um   full
uērus, -a, -um   true
ultimus, -a, -um   furthest, last

ADVERBS

ergō   and so
māne   early in the morning
paulīsper   for a little while
posteā   afterwards
uehementer   violently

PREPOSITION

post + acc.   after, behind

CONJUNCTION

postquam   after

quīntō diē post mortem Caesaris Quīntus ad Hēliodōrum ambulābat. ubi
ad forum aduēnit, tōtum locum inuēnit ā multitūdine ingentī complētum.   **complētum** filled
attonitus est. nōn poterat peruenīre ad uiam quae ad Hēliodōrī aedēs
dūcēbat. itaque in ultimā parte forī manēbat gradūsque templī ascendit
unde omnia uidēre poterat. mox magnam pompam cōnspexit in forum   5
prōcēdentem. magistrātūs feretrum ferēbant in quō iacēbat corpus Caesaris.   **feretrum** bier
in medium forum prōcessērunt feretrumque prō rōstrīs dēposuērunt.
Marcus Antōnius, amīcus Caesaris, rōstra ascendit et ōrātiōnem ad populum
habuit. Caesarem laudāuit, coniūrātōs uehementer accūsāuit, populum ad
furōrem excitāuit.   10

ubi Antōnius ōrātiōnem cōnfēcit dēscenditque ē rōstrīs, hominēs ubīque
clāmābant et furēbant. duo uirī quī prope rōstra stābant, gladiīs armātī   **facēs** torches
facēsque manibus tenentēs, ad feretrum accessērunt. facibus feretrum   **uirgulta** (n. pl.) brushwood
accendērunt. aliī accurrērunt et uirgulta in flammās iēcērunt; aliī subsellia   **subsellia** (n. pl.) benches
ē rōstrīs rapta in ignem imposuērunt. mox ingēns pyra ardēbat corpusque   15   **cremātum** burnt
Caesaris flammīs cremātum est.

dēmīsit lowered
operuit covered

20

manūs scelestōrum bands
  of criminals
identidem again and again 25
fenestra window

temerāriīs reckless
nisi except 30
redintegrāta renewed,
  started up again
fās right
uersum est has been
  overturned 35
nefās wrong

doctus learned
praesidet (+ dat.) is in
  charge of 40
tablīnum study
ērudītiōne learning

Quīntus territus est. domum cucurrit et omnia patrī nārrāuit. ille caput dēmīsit oculōsque manibus operuit. tandem "Quīnte," inquit, "bellum cīuīle prōuideō. cīuēs furunt. magistrātūs urbem regere nōn possunt. Rōmā discēdere dēbēmus. tū, Quīnte, Athēnās nāuigābis philosophiaeque studēbis; ego Venusiam redībō et mātrem tuam sorōremque cūrābō."

postrīdiē Quīntus māne ad aedēs Hēliodōrī festīnāuit. iter difficillimum erat quod multae manūs scelestōrum per uiās errābant; rēs rapiēbant, aedēs incendēbant. Quīntus tandem ad aedēs Hēliodōrī aduēnit; iānua clausa est; Quīntus iānuam identidem pulsāuit. tandem fenestra aperta est; prōspexit Hēliodōrus. Quīntum uīdit dēscenditque et iānuam aperuit. "intrā celeriter," inquit, et ubi intus intrāuit, iānuam iterum clausit.

Quīntus tōtam rem Hēliodōrō exposuit. ille "pater tuus uēra dīcit" inquit; urbs in maximum perīculum ab hominibus temerāriīs dēducta est, quī nec pācem nec lēgēs cūrant; nihil cupiunt nisi potestātem suam augēre. bellum cīuīle prōuideō et proelia per tōtum orbem terrārum redintegrāta; cīuēs cum cīuibus pugnābunt, patrēs cum fīliīs. numquamne pācem uidēbimus et ōtium? quis deus, quis homō rempūblicam seruāre poterit? fās uersum est atque nefās. tōtum imperium Rōmānum in exitium ruit."

nōn poterat plūra dīcere; oculī plēnī lacrimīs erant. paulīsper tacēbat; deinde "ergō tū, Quīnte," inquit, "Athēnās ībis philosophiaeque ibi studēbis? euge! iuuenis es magnō ingeniō. sī dīligenter studēbis, multa discēs et ualdē doctus fīēs. sed manē; epistolam scrībam ad amīcum meum quī Acadēmīae praesidet."

in tablīnum exiit; mox reuēnit epistolamque Quīntō trādidit. "cum Athēnās aduēneris" inquit "hanc epistolam Theomnēstō trāde. uir est summā ērudītiōne, uetus meus amīcus. ille tē benignē accipiet et studia tua cūrābit. deī tē seruābunt. ualē."

Quīntus grātiās eī ēgit domumque festīnāuit.

(b) Quīntus Rōmā discēdit

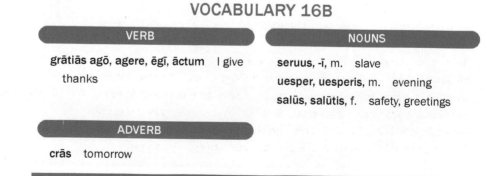

VOCABULARY 16B

VERB		NOUNS	
grātiās agō, agere, ēgī, āctum I give thanks		**seruus, -ī,** m. slave	
		uesper, uesperis, m. evening	
		salūs, salūtis, f. safety, greetings	

ADVERB
crās   tomorrow

ubi domum adiit, patrem inuēnit rēs compōnentem. "age, Quīnte," inquit;
"nōlī cessāre; sine morā ad portum ībimus nāuemque quaerēmus quae tē ad
Graeciam feret. nōlō diūtius in urbe manēre; melius est statim discēdere."
Quīntus librōs suōs collēctōs in sarcinam composuit. parātus erat. pater
filiusque in uiam exiērunt festīnāuēruntque ad portum.

    uesper aderat cum Ōstia peruēnērunt. Flaccus "sēra hōra est," inquit;
"noctem in hospitiō manēbimus; crās ad portum ībimus nāuemque
quaerēmus ad Graeciam nāuigātūram."

    prīmā lūce surrēxērunt et ad portum festīnāuērunt. plūrimās nāuēs prope
lītus religātās uīdērunt, et magnās et paruās. ex aliīs nautae frūmentum
ferēbant ad horrea; ex aliīs seruī catēnīs uīnctī exībant. ubīque clāmor et
tumultus. Flaccus filiusque secundum lītus ambulābant nāuem idōneam
quaerentēs. tandem nāuem paruam inuēnērunt quae illō ipsō diē ad Graeciam nāuigātūra erat. magister eōs benignē excēpit uiāticumque modicum
rogāuit.

sarcinam pack, bag

5

hospitiō lodgings
nāuigātūram about to sail
religātās moored
10   *frūmentum* corn, grain
horrea (n. pl.) the granaries
catēnīs uīnctī bound in
  chains
secundum (+ acc.) along
15   *idōneam* suitable
uiāticum fare

A Roman merchant ship in the harbor at Ostia

    mox magister, cui Flaccus iam uiāticum trādiderat, Quīntum in nāuem
uocāuit. Flaccus, cuius oculī lacrimīs plēnī erant, ad Quīntum sē uertit; "ualē,
filī cārissime," inquit; "cum prīmum ad Graeciam aduēneris, epistolam ad
nōs scrībe. deī tē seruābunt; puer enim bonō ingeniō es." Quīntus, patrem
complexū tenēns, "ualē, cāre pater," inquit; "hoc prōmittō; cum prīmum
ad Graeciam aduēnerō, longissimam uōbīs scrībam epistolam in quā omnia
uōbīs nārrābō dē itinere. et tū, cum Venusiam redieris, mātrī et Horātiae et
Argō salūtem plūrimam dā. si deīs placēbit, uōs omnēs mox uidēbō."

20   *complexū* in his embrace

Ostia

Respondē Latīnē

1. quō sine morā iuērunt Quīntus paterque?
2. ubi noctem mānsērunt?
3. quandō ad portum rediērunt?
4. ad quam terram Quīntus nāuigātūrus erat?
5. quid Quīntus patrī prōmīsit?

Chapter 17

Athēnīs

⟡⟡⟡⟡⟡⟡⟡⟡⟡⟡ **PATTERN SENTENCES** ⟡⟡⟡⟡⟡⟡⟡⟡⟡⟡

pater Quīntum Athēnās mittit. Quīntus ā patre Athēnās mittitur.

deī tē seruābunt. seruāberis ā deīs.

nautae frūmentum ad horrea ferēbant. frūmentum ā nautīs ad horrea ferēbātur.

(a) Quīntus ad Graeciam nāuigat

VOCABULARY 17A

VERBS

soluō, -ere, soluī, solūtum   I loose, cast off

ēuādō, ere, ēuāsī, ēuāsum   I escape

pellō, pellere, pepulī, pulsum   I drive

NOUNS

signum, -ī, n.   sign, signal

uēla, -ōrum, n. pl.   sails

ADJECTIVES

incolumis, -e   unharmed

nōbilis, -e   famous, noble

ADVERBS

anteā   before

deinde   then, next

hodiē   today

umquam   ever

CONJUNCTION

antequam   before

PREPOSITION

ante + acc.   before

Flaccus sē uertit et ē portū festīnāuit; Quīntus eum spectābat abeuntem, ualdē commōtus. deinde nāuem cōnscendit. nautae, quibus magister signum dederat, nāuem soluērunt; nāuis ē portū rēmīs lentē prōpellitur. ubi in apertum mare aduēnērunt, nautae uēla sustulērunt. Quīntus, quī in puppe stābat, ad lītus respiciēbat, futūrōrum īnscius; nec patrem nec mātrem nec sorōrem umquam posteā uīsūrus erat.

rēmīs with the oars
prōpellitur sails (lit. is driven forward) *5*
sustulērunt raised
puppe stern
īnscius ignorant

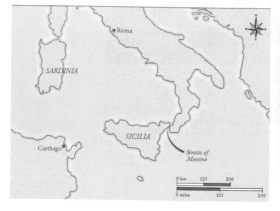

Piraeus

iter quod Quīntus inierat longum erat et difficillimum. tōtum lītus Italiae praeteruectī, tandem ad Siciliam aduēnērunt et per fretum Siciliēnse nāuigāuērunt. inde per apertum mare ad Graeciam nāuigābant. nūlla iam terra in cōnspectū erat; ubīque caelum, ubīque mare. subitō uentī crēscunt, undae maiōrēs fiunt; caelum nūbibus obscūrātur. magister cursum tenēre nōn poterat; nāuis in saxa impellēbātur. uiātōrēs flēbant deōsque ōrābant. nautae ipsī tempestāte terrentur; dēspērant mortemque praesentem timent.

sed nāuis ā magistrō seruātur, quī prōram in tempestātem uertit. mox uentī cadunt undaeque minōrēs fiunt. omnēs grātiās deīs reddidērunt quod ē tempestāte incolumēs ēuāserant. reliquum iter sine perīculō cōnfectum est decimōque diē ad portum Athēnārum, Pīraeum nōmine, aduēnērunt.

nāuis tandem ad mōlem religātur. Quīntus in terram exit festīnatque ad urbem, cupiēns ante noctem eō peruenīre. uesper iam aderat cum ad agoram peruēnit, sed lūna lūcēbat, quā Acropolis illūminābātur. diū omnia spectābat; Parthenōna uidēre poterat, templum nōbilissimum deae Athēnae, multaque alia monumenta dē quibus saepe in librīs lēgerat.

tandem ad hospitium rediit et epistolam scrīpsit, sīcut patrī prōmīserat:

Quīntus patrī mātrīque cārissimīs Horātiaeque salūtem plurimam dīcit. hodiē Athēnās aduēnī. iter longissimum fuit nec sine perīculo. sed decimō

praeteruectī having sailed past
fretum Siciliēnse the straits *10* of Messina (lit. the Sicilian strait)
uiātōrēs travelers
praesentem immediate (lit. present) *15*
mōlem pier
religātur is moored
agoram the agora (city *20* center)
Parthenōna (acc.) the Parthenon
sīcut just as
totiēns so often
25

The Parthenon, Athens

diē incolumēs ad portum aduēnimus. ego statim in urbem festīnāuī et monumenta illa nōbilia, dē quibus totiēns lēgī, spectāuī.

    et uōs, cārissimī, quid agitis? segetēsne bonae sunt? omnia cupiō audīre quae domī fiunt. Argusne ualet? epistolam statim ad mē scrībite. mox epistolam longiōrem ad uōs scrībam. intereā cūrāte ut ualeātis.

quid agitis? how are you?
segetēs crops

30

(b) Acadēmīa

VOCABULARY 17B

VERBS	NOUNS
moneō, -ēre, monuī, monitum I warn, advise	**fāma, -ae**, f. report, reputation, rumor
ualeō, -ēre, ualuī, ualitum I am strong, am well	**mēnsa, -ae**, f. table
cōnfīdō, -ere, cōnfīsus sum + dat. I trust	**gaudium, gaudiī**, n. joy
incido, -ere, incidī, incāsum I fall into	**discrīmen, discrīminis**, n. crisis
	dolor, dolōris, m. pain, grief
	aduentus, -ūs, m. arrival

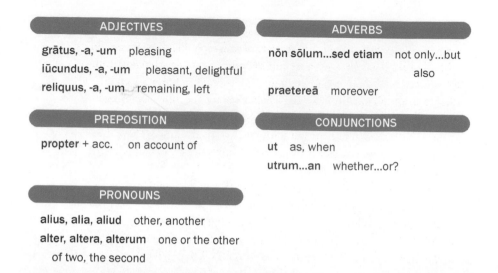

ADJECTIVES

grātus, -a, -um   pleasing
iūcundus, -a, -um   pleasant, delightful
reliquus, -a, -um   remaining, left

ADVERBS

nōn sōlum...sed etiam   not only...but also
praetereā   moreover

PREPOSITION

propter + acc.   on account of

CONJUNCTIONS

ut   as, when
utrum...an   whether...or?

PRONOUNS

alius, alia, aliud   other, another
alter, altera, alterum   one or the other of two, the second

The Academy

postrīdiē Quīntus māne excitātus ad Acadēmīam festīnāuit, epistolam
ferēns quam Hēliodōrus ad Theomnēstum scrīpserat. ille prīnceps erat illīus
scholae quam Platō trecentīs ante annīs condiderat. nūlla schola per tōtum
orbem terrārum nōbilior fuit quam illa. Quīntus, ubi intrāuit, duōs iuuenēs
uīdit in ātriō colloquentēs. accessit ad alterum et "Theomnēstum quaerō," 5
inquit; "uīsne mē ad eum dūcere?" ille respondit: "uenī mēcum. ego tē
ad eum dūcam." Quīntus per porticum longissimam ā iuuene dūcēbātur.
tandem ad Theomnēstī tablīnum aduēnit. Quīntus grātiās iuuenī reddidit
iānuamque pulsāuit.

Theomnēstus ad mēnsam sedēbat, librum legēns. uir grauis erat et 10
uenerābilis; barbam longam habēbat uultumque seuērum. Quīntum īnspexit
et "quid cupis, iuuenis?" inquit. Quīntus respondit: "discipulus tuus fierī
cupiō." ille "sī," inquit, "inter discipulōs meōs accipiēris, utrum dīligenter
studēbis an nūgās agēs?" Quīntus "epistolam ferō quam Hēliodōrus ad tē
scrīpsit." ille epistolam accēpit; ubi eam lēgit, Quīntō arrīsit. "tū iuuenis es" 15
inquit "magnō ingeniō, ut dīcit Hēliodōrus, nec quisquam discipulōrum eius
dīligentius studuit. libenter igitur tē in numerum discipulōrum meōrum accipiam. abī nunc. crās ad theātrum redī scholamque meam audī."

Quīntus laetissimus ad ātrium rediit. ad portās accēdēbat cum duo
iuuenēs intrāuērunt rīdentēs et magnā uōce colloquentēs. alterum Quīntus 20
agnōuit; oculīs suīs crēdere uix poterat: Marcus Cicerō aderat. Quīntus eum
uocāuit. ille sē uertit et "dī immortālēs!" inquit, "nōnne Quīntum uideō?
quandō tū Athēnās aduēnistī? nēmō mihi grātior Rōmā uēnit quam tū. uenī
mēcum. in urbem ībimus et aliquid uīnī bibēmus."

Quīntum in urbem dūxit et mox in tabernā sedēbant uīnum bibentēs. 25
"age, Quīnte," inquit, "dīc mihi, quandō Athēnās aduēnistī? quid fit Rōmae?
quid audīuistī dē patre meō?" Quīntus omnia eī nārrrāuit dē studiīs suīs,
dē morte Caesaris, dē perīculīs urbis. Marcus "uēra dīcis, Quīnte," inquit;
"tempora numquam difficiliōra fuērunt. rēspūblica in maximum discrīmen
addūcitur. propter eam causam ā patre Athēnās missus sum. itaque in Lycēō 30
studeō. sed haec studia mihi nōn placent; scholās Cratippī uix intellegō
librīque philosophōrum frīgidī sunt. praetereā in angustiās quāsdam incidī.
nam omne argentum quod pater mihi dedit cōnsūmptum est. plūs argentī
nōn mittētur nisi pater meliōrem dē mē fāmam audīuerit. quid faciam?"

princeps principal

colloquentēs chatting
uīsne are you willing to?
  (i.e. please)
porticum (f.) colonnade

barbam beard

nūgās agēs? will you play
  the fool?
arrīsit (+ dat.) smiled at

agnōuit recognized
dī! gods!

frīgidī boring
angustiās (f. pl.) difficulties

Respondē Latīnē

1. quid faciēbat Theomnēstus cum Quīntus tablīnum eius intrāuit?
2. cūr uolēbat Theomnēstus Quīntum in numerum discipulōrum suōrum accipere?
3. ubi ad ātrium rediit Quīntus, cui occurrit?
4. cūr pater eius Marcum Athēnās mīsit?
5. quōmodo Marcus in angustiās quāsdam incidit?

COMPREHENSION EXERCISE

*Translate the first two paragraphs and answer the questions
on Marcus' letter without translating*

Quīntus paulīsper cōgitābat. deinde "Marce,"
inquit, "utrum ad patrem scrībēs an ad Tīrōnem?
nōnne pater tuus Tīrōnī maximē cōnfīdit? sī ille
dē tē bene dīxerit, sine dubiō pater plūs argentī
tibi mittet."   5

Marcus "Quīnte," inquit, "optimē mē monēs.
epistolam nūper ā Tīrōne accēpī. statim ad eum
rescrībam." ad mēnsam sēdit atque hanc epistolam scrīpsit:

Cicerō fīlius Tīrōnī suō dulcissimō salūtem dīcit.   10

tabellārium cotīdiē ualdē exspectābam: tandem   **tabellārium** postman
uēnit quadrāgēsimō diē postquam ā uōbīs   **quadrāgēsimō** fortieth
discesserat. eius aduentus mihi fuit grātissimus;
nam et maximam cēpī laetitiam ex epistolā
cārissimī patris, et tua iūcundissima epistola   15
summum gaudium mihi attulit.

gaudeō quod grātōs rūmōrēs dē mē accēpistī,   **rūmōrēs** reports
mī dulcissime Tīrō, et hōs rūmōrēs aliīs re-
fers. errāta enim aetātis meae maximum   **errāta...aetātis meae** the
mihi attulērunt dolōrem. iam nūntium tibi   20   errors of my youth
grātissimum referam: Cratippō non sōlum opti-
mus discipulus sum sed etiam uelut fīlius. nam   **uelut** like
eum libenter audiō; sum tōtōs diēs cum eō et
saepissimē mēcum cēnat.

librārium, sī uīs, mihi quam celerrimē mitte,   25   **librārium** copyist, secretary
ā quō hypomnēmata exscrībentur. cūrā ut ualeās.   **hypomnēmata** lecture notes

1. How long did it take the mail to get from Rome to
   Athens?
2. Why was Marcus so pleased by the mail?
3. What reports did he ask Tiro to pass on to others?
   Why do you think he was so anxious to do this?
4. How does he describe his relations with his tutor
   Cratippus?
5. What was his final request to Tiro? Why do you
   think he asked Tiro to do this?

(c) Marcus ā dīs seruātur

VOCABULARY 17C

NOUNS	ADJECTIVES
uērum, -ī, n. truth	dubius, -a, -um doubtful
rē uērā in truth	sine dubiō without doubt
	uērus, -a, -um true
	hilaris, -e cheerful

cotīdiē Quīntus ad theātrum ībat Theomnēstumque audiēbat dē philosophiā
disserentem. diē quōdam dum agoram trānsit, ab aliquō uocātus est; sē
uertit et Marcum uīdit ad sē currentem. ille "cōnsiste, Quīnte," inquit,
"mē manē; rem magnī mōmentī uolō tibi referre." dum in tabernā sedent,
Marcus "ecce!" inquit; "epistolam accēpī ā Tīrōne missam. pater Athēnās   5
uenit; cupit mē uidēre. paucīs diēbus aderit. dī immortālēs! nunc dēbeō
omnibus scholīs adesse Cratippumque ad cēnam inuītāre. ō mē miserum!
quid faciam?"

    Quīntus rīsit; "cūr tam commōtus es?" inquit; "nōnne Cratippō optimus
es discipulus? nōnne eum libenter audīs et saepissimē ad cēnam uocās? sīc   10
enim ad Tīrōnem scrīpsistī, quī sine dubiō eadem patrī tuō rettulit."

    hīs uerbīs Marcus minimē dēlectātus est. "nōlī mē rīdēre, Quīnte," inquit;
"ueniam tēcum ad agoram et librum nēscioquem emam. deinde ad Lycēum
redībō scholamque Cratippī audiam. ō diem nigrum!"

    postrīdiē Quīntus Marcō occurrit in eādem tabernā uīnum bibentī.   15
Quīntus numquam eum hilariōrem uīderat. "ecce Quīnte," inquit. "alteram
epistolam ā patre scrīptam accēpī. Athēnās nōn ueniet. rēbus maximī
mōmentī Rōmae retinētur. dī mē seruāuērunt. nunc est bibendum."

magnī mōmentī of great
  importance

eadem the same things
librum nēscioquem some
  book or other
nigrum black

est bibendum (we) must
  drink

Chapter 18
Brūtus Athēnās aduenit

(a) Rēspūblica in bellum cīuīle trahitur

VOCABULARY 18A

VERBS

comparō, -āre, comparāuī,
  comparātum   I prepare, acquire,
  raise (an army)
immineō, -ēre, imminuī + dat.   I
  overhang, threaten
cōgō, -ere, coēgī, coāctum   I compel
praecīdō, -ere, praecīdī, praecīsum   I
  cut off
corripiō. -ere, corripuī, corrreptum   I
  seize, steal
praeficiō, -ere, praefēcī, praefectum +
  acc. & dat.   I put X in command of Y
praesum, praeesse, praefuī + dat.   I
  am in command of

NOUNS

cōpiae, -ārum, f. pl.   forces
inimīcus, -ī, m.   enemy
lēgātus, -ī, m.   envoy, deputy,
  commander
nūntius, -ī, m.   message; messenger
bona, -ōrum, n. pl.   goods, property
ferrum, -ī, n.   iron, steel, sword
foedus, foederis, n.   treaty
dux, ducis, c.   leader

ADVERBS

dēnique   finally
intereā   meanwhile

CONJUNCTION

atque/ac   and

intereā nūntiī semper peiōrēs Rōmā afferuntur. rēspūblica in exitium ruēbat. Antōnius potestātem suam augēre temptābat. Octāuiānus, iuuenis quem Caesar in testāmentō suō adoptāuerat, Rōmam aduēnerat; nōmen Caesaris assūmpserat; argentum mīlitibus distribuēbat; in diēs potentior fīēbat. senātōrēs, ab Antōniō territī, Octāuiānum in suās partēs addūcere   5 temptābant. exercitus ab Octāuiānō comparātur. bellum cīuīle reīpūblicae imminēbat. in hōc discrīmine Cicerō Antōnium uehementer oppugnāuit atque Octāuiānum laudāuit. dēnique Antōnius cōpiās suās in Galliam dūxit sēque ad bellum parāuit. senātōrēs, ā Cicerōne excitātī, Antōnium hostem populī Rōmānī dēclārāuērunt. et cōnsulēs et Octāuiānum cum exercitibus   10 contrā eum mīsērunt. ubi in proeliō concurrērunt, Antōnius uictus in Galliam Ulteriōrem sē recēpit. sed ambō cōnsulēs in proeliō occīsī sunt.

    Octāuiānus igitur tōtī exercituī praeerat. ambitiōne adductus, lēgātōs Rōmam mīsit. senātum iussit sē cōnsulem creāre. ubi senātus hoc facere nōluit, exercitum suum in Italiam dūxit et Rōmam celerrimē contendēbat.   15 senātōrēs, aduentū eius territī, inuītī eī concessērunt. Cicerō, dē rēpūblicā dēspērāns, in uīllam quandam rūsticam sē recēpit.

    mox Octāuiānus Rōmā discessit exercitumque uelut in Antōnium dūcēbat. proelium maximum ab omnibus exspectābātur. sed ubi Octāuiānus prope exercitum Antōnī accessit, cōnstitit lēgātōsque ad Antōnium mīsit;   20 dūcēs cōnstituērunt rem compōnere non ferrō sed uerbīs. Antōnius et Octāuiānus tertiusque dux, nōmine Lepidus, clam conuēnērunt foedusque fēcērunt. imperium Rōmānum inter sē dīuidunt. lēgātī Rōmam mittuntur quī senātōrēs iubent hunc triumuirātum lēge cōnstituere.

    deinde triumuirī Rōmam prōcēdunt. urbs occupātur. senātōrēs cōguntur   25 omnia facere quae illī cupiunt. inimīcī triumuirōrum prōscrībuntur; plūrimī occīduntur bonaque eōrum corripiuntur.

nūntiī (pl.) news
afferuntur are brought
testamentō will
in suās partēs onto their side

Galliam Ulteriōrem Further Gaul
ambō both

concessērunt gave in to

uelut as though

rem compōnere settle the matter
clam secretly
triumuirātum triumvirate
cōnstituere establish
prōscrībuntur are proscribed

(b) Brūtus Athēnās aduenit

VOCABULARY 18B

VERBS	NOUNS
coniungō, -ere, coniūnxī, coniūnctum I join	**annus, -ī,** m. year
expellō, -ere, expulī, expulsum I drive out	**exemplum, -ī,** n. example
opprimō, -ere, oppressī, oppressum I oppress, overpower	**officium, -ī,** n. duty
	caedēs, caedis, f. slaughter, murder

reuersus having returned
frequentantium crowding
complūrēs several
tribūnal (n.) platform

dē officiīs about duties

quīngentīs five hundred

pepererant had won

interēā Brūtus, quī ab Antōniō Rōmā expulsus erat, Athēnās aduēnerat. Quīntus, ad Acadēmīam reuersus, multitūdinem iuuenum inuēnit theātrum frequentantium. omnēs ualdē commōtī sunt. causam tantī tumultūs mox cognōuit. uix enim sēderat cum complūrēs seniōrēs intrāuērunt ā Brūtō ductī. continuō tribūnal ascendit Theomnēstus. paulīsper audītōrēs tacitus īnspiciēbat; deinde scholam incēpit.

dē officiīs disseruit. hanc quaestiōnem prōposuit: "quid facere dēbet uir bonus, sī tyrannus rempūblicam opprimit lībertātemque cīuium praecīdit?" exemplum reuocāuit Harmodī et Aristogītōnis, quī quīngentīs ante annīs tyrannum Athēnārum occīderant lībertātemque populō reddiderant. illī ab omnibus laudātī glōriam immortālem sibi pepererant. Theomnēstus ab omnibus attentē audītus est; ubi scholam ad fīnem perdūxit, iuuenēs ad Brūtum sē uertērunt et uehementer plausērunt. ille manūs sustulit, eōs salūtāns, deinde tacitus ē theātrō exiit.

Brutus

Harmodius and Artistogeiton

postquam Brūtus ē theātrō exiit, iuuenēs circumstābant inter sē
colloquentēs. uerbīs Theomnēstī ualdē commōtī, lībertātem populī Rōmānī
ā Caesare Antōniōque praecīsam dēfendere cupiēbant. Brūtī abauum in animum reuocāuērunt, ā quō Tarquinius Superbus Rōmā expulsus est. Caesaris
caedem probābant, quod tyrannus fierī temptāuerat.

15

Brūtus multōs diēs Athēnīs manēbat. scholīs saepe aderat; cum iuuenibus
sedēbat doctōrēs audiēns. nōnnūllōs ad cēnam inuītāuit. tandem Athēnīs in
Macedoniam discessit, ubi exercitus parātus erat. multōs iuuenum sēcum
dūxit, quī in exercitū eius mīlitāre uolēbant. inter aliōs Marcus Cicerō sē
Brūtō coniūnxit et mox ālae equitum praefectus est.

20

colloquentēs talking
abauum ancestor

probābant they approved of

doctōrēs professors

ālae equitum a squadron of
    cavalry

(c) Mors Cicerōnis

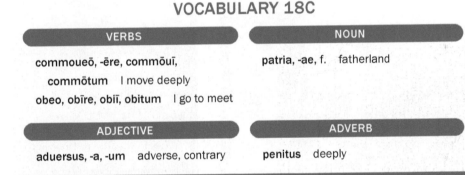

VOCABULARY 18C

VERBS	NOUN
commoueō, -ēre, commōuī, commōtum I move deeply	**patria, -ae, f.** fatherland
obeo, obīre, obiī, obitum I go to meet	

ADJECTIVE	ADVERB
aduersus, -a, -um adverse, contrary	**penitus** deeply

Quīntus, quī Athēnīs manēbat, trīstis erat maximēque sollicitus. mox
nūntius Athēnās relātus est quī eum magnopere commōuit. nēmō
Antōnium uehementius oppugnāuerat quam Cicerō; nēminem Antōnius
magis ōderat. ipse manum mīlitum mīsit quī iussī sunt Cicerōnem occīdere.
ille in uīllā manēbat prope mare; ubi dē aduentū mīlitum cognōuit,
temptāuit nāue effugere. uentīs tamen aduersīs repellēbātur. tandem ad
uīllam redīre cōnstituit; "mortem obībō" inquit "in patriā quam saepe
seruāuī."

5

in lectīcā ad uīllam ferēbātur cum mīlitēs aduēnērunt. nōn restitit sed
ceruīcem ē lectīcā extendit. illī caput eius gladiō praecīdunt. deinde manūs
quoque praecīdērunt, quae tot ōrātiōnēs in Antōnium scrīpserant. caput
eius ad Antōnium relātum inter duās manūs in rōstrīs affixum est in quibus
Antōnium tantā ēloquentiā totiēns oppugnāuerat.

10

ōderat hated
manum mīlitum band
    (handful of) soldiers

lectīcā litter
ceruīcem neck
extendit stretched out
in against
totiēns so often

The *rōstra*

Mark Antony

Cicero's tomb

Since there is no new grammar to be learned in this chapter, you may like to catch up with what has been going on back in Venusia.

(d) Horātiae nūptiae

nūptiae f. pl = wedding

tabellārius postman

Quīntus ōlim in tabernā trīstis sedēbat cum tabellārius epistolam eī trādidit
ā patre scrīptam. ille epistolam summō gaudiō acceptam continuō lēgit:

Flaccus Scintillaque fīliō cārissimō salutem plūrimam dīcunt.

tuam epistolam accēpimus et gaudēmus quod incolumis Athēnās aduēnistī et in Acadēmiā studēs. omnēs Venusiae ualēmus. nūntium magnī mōmentī tibi mittimus.

pater Decimī, ueteris amīcī tuī, nūper uēnit ad mē et "fīlius meus" inquit "fīliam tuam adamāuit et amōre eius perit, ut dīcit. itaque uīsne tū eam Decimō spondēre, sī illa eum accipiet?" hoc nōbīs maximē placuit. nam uir dīues est probātusque ab omnibus. itaque dē dōte disserēbāmus; ille rem aequē gessit, et mox pactum cōnfēcerāmus. Horātiam igitur rogāuī quid sentīret dē hōc mātrimōniō; illa Decimum bene cognōuit et eī nūbere cupiēbat. paucīs post diēbus spōnsālia cōnfēcimus. multī cognātī amīcīque ad epulās uocātī testēs erant pactī. Decimus Horātiae ānulum dedit quem illa in tertium digitum imposuit.

herī nūptiās perfēcimus. prīmā lūce Horātia, ā mātre excitāta, sē parābat. pūpās et cētera puerīlia mātrī trādita ualēre iussit. deinde uestīmenta nūptiālia induit, tunicam candidam et pallam lūteam; postrēmō flammeum in capite induit corōnamque flōrum. numquam uirginem pulchriōrem uīdī quam eam.

5 **magnī mōmentī** of great importance
amore eius with love for her
perit is dying
adamāuit has fallen in love
10 with
spondēre to betroth
dīues rich
probātus respected
dōte dowry
15 **rem aequē gessit** conducted the matter fairly
pactum an agreement
quid sentīret what she felt
nūbere (+ dat.) to marry
20 **spōnsālia** (n. pl.) engagement party
cognātī relations
epulās (f. pl.) feast
testēs witnesses
ānulum a ring
digitum finger
herī yesterday
pūpās dolls
puerīlia childish things
pallam lūteam yellow robe
flammeum bridal veil
corōnam garland
flōrum of flowers
uirginem maiden, bride

A Roman marriage ceremony

indūtus wearing

auspicēs the augurs

auspicia the auspices

rīte duly, according to custom   25

cōnseruērunt joined

Iūnōnī Juno, goddess of marriage

bene uerruncet good luck!   30

sūmptuōsam sumptuous

Hesperus the evening star

tībīcinēs flute players

facēs torches

solitum customary   35

ades be present! = come!

līmen threshold

sustulit lifted

domina mistress

facta erat had become

secundum mōrem maiōrum according to the custom of our ancestors

grātulātiōnem optimī mātrimōniī congratulations on an excellent marriage

iam aderat Decimus ipse nouam togam indūtus plūrimīs cum amīcīs. mox auspicēs aduēnērunt et auspicia bona prōnūntiāuērunt. Horātia Decimusque dextrās manūs rīte cōnseruērunt. omnēs Iūnōnī supplicāuērunt et conclāmāuērunt "bene uerruncet!" deinde cēnam sūmptuōsam ā mātre tuā parātam ēdimus.

tandem Hesperus aderat. tempus erat Horātiae domum suam relinquere. mātrem ualēre iussit nōn sine plūrimīs lacrimīs. deinde Decimus eam ad nouam domum dūxit. tībīcinēs pompam dūxērunt iuuenēsque facēs in manibus tenentēs. chorus puerōrum puellārumque carmen solitum canēbant: "Hymen ō Hymenaee,* Hymen ades ō Hymenaee!" ubi ad Decimī aedēs peruēnērunt, Decimus Horātiam super līmen sustulit dōnaque eī obtulit, ignem et aquam, quod iam Horātia domina facta erat familiae. sīc omnia secundum mōrem maiōrum cōnfēcerāmus.

hic nūntius sine dubiō tē summō gaudiō afficiet. scrībe igitur ad Horātiam grātulātiōnemque eī mitte optimī mātrimōniī. cūrā ut ualeās.

*Hymen was the god of marriage; Hymenaeus means the wedding refrain.

From now on we refer to Quintus by his proper name, Horatius (Horace). He remains "Quintus" to his friends and family.

A bride preparing for her wedding

Horātius Delphōs īre uult ut Apollinis fānum
(*shrine*) uideat.

amīcum rogat ut sēcum ueniat.
(amīcum rogāuit ut sēcum uenīret.)

Horātius "age, amīce," inquit, "festīnēmus nē
(*lest*) sērō aduenīāmus."
(Horātius amīcō persuādet ut festīnet.)

Horātius ad templum festīnat. amīcō "nōlī
cessāre," inquit; "festīnēmus ad templum."
(Horātius amīcō imperāuit nē cessāret).

(a) Horātius Delphōs uīsit

From this point onwards:

- regular verbs of the 1st conjugation are listed with infinitive only;
- glosses will no longer be given, but all the words can be found in the Vocabulary at the end of the book.

VOCABULARY 19A

VERBS

dēspiciō, -ere, dēspexī, dēspectum   I look down on

prōspiciō, -ere, prōspexī, prōspectum   I look out at

occīdo, -ere, occīdī, occīsum   I kill

dēsinō, -ere, dēsiuī/dēsiī, dēsitum   I cease

sciō, scīre, scīuī/sciī, scītum   I know

NOUNS

causa, -ae, f.   cause, reason

ōrāculum, -ī, n.   oracle

uestis, uestis, f.   dress, clothes

pāstor, pāstōris, m.   shepherd

uiātor, uiātōris, m.   traveler

sacerdōs, sacerdōtis, m.   priest

latus, lateris, n.   side

lūmen, lūminis, n.   light

ADJECTIVES

dexter, dextra, dextrum   right
   ā dextrā (manū)   on the right
sinister, sinistra, sinistrum   left
   ā sinistrā   on the left
nōnnūllī, -ae, -a   some

ADVERBS

paulīsper   for a little (time)
procul   at a distance, far off

PREPOSITION

pro + abl.   in front of, on behalf of

Horātius, ubi dē morte Cicerōnis audīuit, magnopere commōtus est. in Asiam festīnāre uolēbat ut cum Brūtō mīlitāret mortemque patris amīcī uindicāret. sed antequam Athēnīs discessit, Delphōs uīsere cōnstituit, ut Apollinis nōtissimum fānum uidēret, quō hominēs ab omnibus partibus
5   orbis terrārum ueniēbant ut deī ōrācula peterent.

itaque posterō diē cum amīcō quōdam nōmine Pompēiō Athēnīs discessit. prīmum contendēbant uiīs plānīs rēctīsque, sed quārtō diē iter difficilius fīēbat; collēs ascendērunt et mox in montēs iniērunt; nēminī occurrērunt nisi

pāstōribus quī gregēs dē montibus agēbant paucīsque uiātōribus quī Delphīs
redībant.   *10*

    subitō Delphōs prōspexērunt, in latere montis sitōs inter duās rūpēs
ingentēs, quae in lūmine sōlis occidentis fulgēbant. paulīsper stābant tacitī,
maiestāte locī commōtī. ā sinistrā in campum dēspexērunt procul iacentem,
ā dextrā montēs abruptī ad caelum surgēbant; in mediō fānum Apollinis ad
latera montis adhaerēbat.   *15*

    tandem Horātius, "age," inquit, "festīnēmus, nē nox nōbīs incidat ante-
quam aduēnerimus." sōl occiderat cum Delphōs aduēnērunt; cēnāuērunt in
paruā caupōnā continuōque dormīuērunt.

    posterō diē Pompēius Horātiō excitātō dīxit: "age, Quīnte, collem
ascendāmus ut templum Apollinis uideāmus." Viam Sacram ascendērunt.   *20*
iānuae templī apertae erant. ā fronte hominēs nōnnūllī sedēbant Pȳthiam
exspectantēs. mox Pȳthia ipsa ā sacerdōte adducta est, ueste pūrā indūta
rāmumque laurūs manū gerēns. in adytum dēscendit. deinde murmura
audīta sunt ex adytō sonantia; Pȳthia, ā deō afflāta, ōrāculum dīuīnum

The Shining Rocks

The Castalian spring

25 ēdēbat. mox murmura dēsiērunt. Pȳthia ex adytō ascendit oculīsque ad
terram dēmissīs ē templō tacita exiit. sacerdōs ōrāculum in tabulā scrīptum
supplicī trādidit. ille tabulam summā reuerentiā acceptam perlēgit deōque
grātiās ēgit.

Horātius, hanc caerimōniam tam ueterem spectāns, ualdē commōtus est.
30 ad statuam Apollinis, quae in ultimā parte templī stābat, sē uertit; manūs ad
caelum sustulit deumque ōrāuit ut propitius sibi esset. eō ipsō tempore hoc
scīuit: poēta futūrus erat uātēsque Apollinis. ē templō tacitus exiit et dē colle
cum Pompēiō dēscendit. prope uiam erat fōns Castalius, Apollinī Mūsīsque
sacer. Horātius cōnstitit aquamque bibit.

Respondē Latīnē

1. cūr uolēbat Horātius Delphōs uīsere?
2. ubi Horātius Pompēiusque ad templum Apollinis aduēnērunt, quid uīdērunt?
3. ubi Horātius fontem Castalium uīdit, quid fēcit? cūr hoc fēcit?

(b) Horātius ad Asiam nāuigat

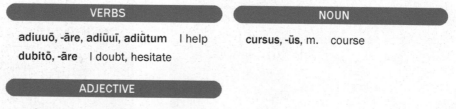

VOCABULARY 19B

VERBS	NOUN
adiuuō, -āre, adiūuī, adiūtum I help	**cursus, -ūs**, m. course
dubitō, -āre I doubt, hesitate	

ADJECTIVE
certus,-a,-um certain, resolved

paucīs post diēbus Athēnās rediērunt. Horātius nōn diūtius dubitāuit; certus
erat Brūtō sē coniungere. in urbem festīnāuit ut Pompēium quaereret.
inuēnit eum in tabernā sedentem uīnumque bibentem. "Pompēī," inquit,
"nōn diūtius dubitābō. ad Asiam contendam ut cum Brūtō mīlitem. uīsne
5 mēcum uenīre?" ille "ego quoque prō Brūtō et lībertāte pugnāre uolō. tēcum
ueniam." Horātius eī imperāuit ut ad iter sē parāret; "crās" inquit "Athēnīs
discēdāmus."

posterō diē Horātius Pompēiusque prīmum ad Acadēmīam festīnāuērunt
ut amīcōs ualēre iubērent. deinde ad portum contendērunt ut nāuem
10 quaererent quae ad Asiam nāuigātūra erat. ubi ad portum aduēnērunt,
nāuis magistrō in tabernā bibentī occurrērunt quī illō ipsō diē ad Asiam

nāuigātūrus erat. ille eōs libenter excēpit nec uiāticum rogāuit, quod Brūtī
causam adiuuāre uolēbat.

meridiē magister eīs imperāuit ut nāuem cōnscenderent. nautae nāuem
soluērunt cursumque Dēlum tenēbant. ubi ad īnsulam aduēnērunt nāuisque   *15*
ad mōlem religāta est, Horātius in terram exiit ut locum explōrāret ubi deus
Apollō nātus erat. ubi omnia spectāuit, ad nāuem rediit. mox nautae nāuem
soluērunt cursumque tenēbant ad Asiam.

The stone lions of Delos

Chapter 20
Horātius mīlitat

Deponent verbs are passive in form but active in meaning. Their principal parts consist of the present indicative, the present infinitive, and the perfect indicative. Note the forms of the present (passive) infinitive, especially those of the 3rd and mixed conjugation (e.g. **loquor—loquī, morior—morī**).

VOCABULARY 20

DEPONENT VERBS

cōnor, cōnārī, cōnātus sum   I try

moror, morārī, morātus sum   I delay

uideor, uidērī, uīsus sum   I seem

ingredior, ingredī, ingressus sum   I go into, enter

loquor, loquī, locūtus sum   I speak

morior, morī, mortuus sum   I die

nāscor, nāscī, nātus sum   I am born

patior, patī, passus sum   I suffer

proficīscor, proficīscī, profectus sum   I set out

sequor, sequī, secūtus sum   I follow

OTHER VERBS

postulō, -āre   I demand

praebeō, -ēre, praebuī, praebitum   I offer, give

  mē praebeō   I show myself

gerō, -ere, gessī, gestum   I carry, wear

  mē gerō   I conduct myself, behave

perficiō, -ere, perfēcī, perfectum   I carry out, complete

ADJECTIVES

trepidus, -a, -um   anxious

inūtilis, -e   useless

ADVERBS

aliquamdiū   for some time

omnīnō   altogether

rūrsus   again

NOUNS

tēlum, -ī, n.   missile, javelin
tergum, -ī, n.   back
mōs, mōris, m.   custom

The Harbor Street, Ephesus

tertiō diē ad portum Ephesī aduēnērunt. Horātius Pompēiusque in urbem
festīnāuērunt et, cum in forō sedērent, mīlitī occurrērunt quī cum Brūtō
mīlitābat. aliquamdiū cum eō locūtī eī persuāsērunt ut sē ad exercitum
dūceret. sine morā profectī sunt et sub uesperem ad castra aduēnērunt. castra ingressōs mīles eōs ad centuriōnem dūxit et "hī iuuenēs" inquit "Athēnīs   *5*
uēnērunt ut cum Brūtō mīlitent."

ille eīs imperāuit ut sē ad prīncipia legiōnis sequerentur; prīncipia ingressī
lēgātum legiōnis salūtāuērunt. ille eōs cōmiter excēpit et "īte nunc, iuuenēs,"
inquit; "crās uōs dūcam ad Brūtum." postrīdiē eīs ante lūcem excitātīs
imperāuit ut sē ad Brūtum sequerentur. ille eōs benignō uultū excēpit et   *10*
multa rogāuit. tandem "iuuenēs prūdentēs uidēminī" inquit "et strēnuī. uōs
in exercitum meum accipiam." ad lēgātum sē uertit: "mitte hōs iuuenēs"
inquit "ad lēgātum decimae legiōnis. imperā eī ut eōs cūret disciplīnamque
mīlitārem doceat." haec locūtus eōs dīmīsit.

15   lēgātus decimae legiōnis eōs trīstis īnspexit. "ergō" inquit "Athēnīs
uēnistis? in Acadēmiā studēbātis? nunc mīlitāre uultis? dī immortālēs! mox
nōn exercitum habēbimus sed scholam philosophōrum." deinde optiōnem
uocāuit et "dūc hōs iuuenēs ad Lūcīlium" inquit "imperāque eī ut aliquid
disciplīnae eōs doceat."

20   optiōnem secūtī Lūcīlium inuēnērunt. ille centuriō erat, uir fortis, disciplīnae mīlitāris diū perītus. mīlitēs pigrōs saeuē pūniēbat; ab eīs
appellātus est "cedo alteram," quod cum uītem in tergō mīlitis frēgerat, alteram postulābat et rūrsus aliam. Horātius Pompēiusque ab eō ad disciplīnam
mīlitārem celeriter īnstitūtī sunt. tēla iacere didicērunt, gladiō ferīre, opera
25   cōnstruere. longa itinera faciēbant arma sarcināsque ferentēs. Lūcīlius
numquam eōs sīuit quiēscere. numquam tam fessī fuerant.

uicēsimō diē Lūcīlius, cuius mōs erat eōs semper reprehendere, eōs
laudāuit. "iuuenēs," inquit, "nōn omnīnō inūtilēs estis. aliquid disciplīnae

alteram uītem postulābat

mīlitāris didicistis. itaque ad lēgātum eāmus. age, nōlīte morārī. ego uōs eī
30   commendābō."

ubi Lūcīlius eōs ad lēgātum dūxit, ille eōs trīstis īnspexit. "ergō" inquit
"disciplīnam mīlitārem didicistis? uīgintī diēbus mīlitēs factī estis? uidēbimus.
intereā Brūtus mihi imperāuit ut uōs in meam legiōnem accipiam. Lūcīlius
uōbīs dīcet quid facere dēbeātis. īte nunc et officia dīligenter perficite."
35   deinde eōs benignius aspiciēns, "sine dubiō" inquit "fortēs uōs praebēbitis

et dīligentēs, et mox mīlitēs fiētis decimā legiōne dignī." haec locūtus eōs
dīmīsit.

aliquamdiū Brūtus in Asiā cum exercitū morātus est dum mīlitēs sē
exercent et ad bellum sē parant. Horātius complūribus proeliīs aderat quae in
Asiā gessērunt. semper cōnābātur sē dīligentem praebēre et in proeliīs fortiter   *40*
sē gerēbat. in proeliō quōdam lēgātum legiōnis ipsum, quī uulnus passus in
perīculum uēnerat, seruāuit.

paucīs post diēbus, cum in contuberniō quiēsceret, optiō ingressus eī
imperāuit ut ad Brūtum uenīret. ille animō trepidō optiōnem secūtus est, sed
cum praetōrium intrāuisset, Brūtus eum cōmiter salūtāuit. "saluē, Horātī,"   *45*
inquit; "optimam fāmam dē tē audīuī. nōn modo fortiter tē gessistī sed
lēgātum legiōnis ipsum ē perīculō seruāuistī. cōnstituī igitur tē tribūnum
mīlitum creāre." haec locūtus Horātium dīmisit.

Respondē Latīnē

1. cum Horātius Pompēiusque Ephesum aduēnissent, quōmodo exercitum Brūtī
   inuēnērunt?
2. cum centuriō eōs in prīncipia legiōnis dūxisset, quem cōnspexērunt?
3. cūr Brūtus eōs in exercitum suum accēpit?
4. quōmodo eōs accēpit lēgātus decimae legiōnis?
5. quid Lūcīlius iuuenēs docēbat?
6. cūr eōs laudāuit Lūcīlius?
7. ubi ad Brūtum Horātius adiit, quid imperātor eī dīxit?

Chapter 21

Philippī

◇◇◇◇◇◇◇◇◇◇ **PATTERN SENTENCES** ◇◇◇◇◇◇◇◇◇◇

Horātius ad prīncipia uocātus epistolam accēpit.

Horatius, called to headquarters, received a letter. (The participle agrees with the subject of the verb.)

Horātius epistolam perlēctam Pompēiō trādidit.

Horatius gave the having been read letter to Pompeius = Horatius read the letter and gave it to Pompeius. (The participle agrees with the object of the verb.)

Pompēius epistolā perlēctā gaudēbat.

Pompeius, the letter having been read, rejoiced = When he had read the letter, Pompeius rejoiced. (The participial phrase is absolute = "freed from," i.e. independent of, the structure of the rest of the sentence; noun and participle are in the ablative case.)

VOCABULARY 21

VERBS

cōgō,-ere, coēgī, coāctum   I compel

committō, -ere, commīsī,
   commissum   I join, commit, entrust

perrumpō, -ere, perrūpī, perruptum   I
   break through

restituō, restituere, restituī,
   restitūtum   I restore

perueniō, -īre, peruēnī, peruentum   I
   arrive, reach

obuiam eō, īre, iī, itum + dat.   I go to
   meet

NOUNS

castra, castrōrum, n. pl.   camp

scūtum, -ī, n.   shield

tergum, -ī, n.   back

uāllum, -ī, n.   rampart

clādēs, -is, f.   disaster

uīs, acc. uim, abl. uī, f.   force

cornū, -ūs, n.   horn, wing of an army

Chapter 31

Indomita mors

Defective verbs are verbs which lack a number of forms (see first note in Commentary in GEC).

VOCABULARY 31

VERBS

dēsīderō, -āre   I long for, miss
īnstō, -āre, īnstitī   I stand on, press on, threaten
intereō, -īre, interiī, interitum   I perish
oblīuīscor, -ī, oblītus sum + gen.   I forget

DEFECTIVE VERBS

coepī, coepisse   I begin
meminī, meminisse + gen.   I remember
ōdī, ōdisse   I hate

NOUNS

senecta, -ae, f.   old age
tenebrae, -ārum, f. pl.   darkness
pietās, pietātis, f.   piety, loyalty

PREPOSITION

super + acc.   above, over

ADJECTIVES

cūnctus, -a, -um   all
praeteritus, -a, -um   past
uīuus, -a, -um   living, alive
ūniuersī, -ae, -a   all
līberālis, -e   generous

ADVERB

nōndum   not yet

Horātius, ut senior fiēbat, saepe trīstis erat. iam mors et sibi ipsī et amīcīs imminēre uidēbātur. in carmine, quod ad amīcum quendam, Postumum nōmine, scrīpsit, haec dīxit:

> eheu, fugācēs, Postume, Postume,
> lābuntur annī, nec pietās moram
> rūgīs et īnstantī senectae
> adferet indomitaeque mortī.

(Odes 2.14.1-4)

    diē quōdam, sub īlice sedēns super fontem Bandusiae, tempora praeterita
5 in animō uoluere coeperat. amīcōs ueterēs in animum reuocābat; uīuōrum
meminerat, quōrum Maecēnās iam aegrōtābat Pompēiusque in uīllā marī
uīcīnā senēscēbat; neque uērō mortuōrum oblīuīscēbātur, Marcī Cicerōnis,
qui cōnsul factus erat ac prōcōnsul Asiae, Vergilī, quī diem obierat Aenēide
nōndum cōnfectā, sorōrisque ac parentum quōs etiam nunc dēsīderābat.
10   uēr aderat; sōl fulgēbat; aura leuis arborēs mouēbat; aqua frīgida lēnī
murmure ē fonte fluēbat. omnia ubīque pulchra erant, omnia quiētem
tranquillitātemque fouēbat. Horātius tamen trīstis erat. id carmen cōnficere
cōnābātur quod multīs ante annīs de reditū uēris scrīpserat et dē gaudiīs quae
uēr sēcum fert. nunc et senior erat et sapientior. cognōuerat omnia pulchra
15 celeriter praeterīre, uītam breuem esse, mortem ūniuersōs manēre, nēminem
ex īnferīs redīre:

The three Graces

> diffugēre niuēs, redeunt iam grāmina campīs
>   arboribusque comae.
> mūtat terra uicēs, et dēcrēscentia rīpas
>   flūmina praetereunt.
> 5 Grātia cum Nymphīs geminīsque sorōribus audet
>   dūcere nūda chorōs.
> immortālia nē spērēs, monet annus et almum
>   quae rapit hōra diem.
> frīgora mitēscunt Zephyrīs, uēr prōterit aestās
> 10   interitūra simul
> pōmifer autumnus frūgēs effūderit, et mox
>   brūma recurrit iners.
> damna tamen celerēs reparant caelestia lūnae:
>   nōs ubi dēcidimus
> 15   quō pater Aenēās, quō Tullus dīues et Ancus,
>   puluis et umbra sumus.
> quis scit an adiciant hodiernae crāstina summae

tempora dī superī?

cuncta manūs auidās fugient hērēdis, amīcō
quae dederīs animō.   *20*

cum semel occiderīs et dē tē splendida Mīnōs
fēcerit arbitria,

nōn, Torquāte, genus, nōn tē fācundia, nōn tē
restituet pietās.

īnfernīs neque enim tenebrīs Diāna pudīcum   *25*
līberat Hippolytum,

nec Lēthaea ualet Thēseus abrumpere cārō
uincula Pīrithoō.

(*Odes* 4.7)

Notes:

l.2   *comae*: "the leaves"
l.3   *mūtat uicēs*: "renews her changes"; *dēcrēscentia*: "decreasing, growing smaller"
l.5   *Grātia*: "Grace"; there were three Graces; hence *cum geminīs sorōribus*
ll.7–8 *et almum quae rapit hōra diem = et hōra quae rapit almum diem*: the hour which snatches
        away the kindly day
l.9   *mitēscunt Zephyrīs*: "grow mild before the Zephyrs"; the Zephyrs are the warm west winds of
        spring; *prōterit*: "treads on the heels of"
l.10   *simul = simul ac*: "as soon as"
l.11   *pōmifer*: "fruitful"
l.12   *brūma...iners*: "torpid winter, winter when nothing stirs"
l.13   *damna* (n. pl.) *caelestia*: "losses in the heaven"; *lūnae*: "the moons" = the months
l.15   *Tullus...Ancus*: the third and fourth kings of Rome
l.17   *an = utrum*; *crāstina...tempora*: "tomorrow's times" = tomorrow; *hodiernae...summae*: "to
        today's total"
ll.19–20 *cūncta....animō*: "all that you give to your own dear self will escape the greedy hands of your
        heir"; i.e. you can't take your goods with you when you die, so enjoy them now so that
        your greedy heir can't get them; Horace surprises us by an unexpected flash of irony in an
        otherwise solemn poem.
l.21   *Mīnōs*: Minos was one of the three judges of the underworld.
l.22   *arbitria*: "judgments"
l.23   *Torquāte*: Torquatus is the friend to whom Horace wrote this poem, a distinguished advocate, hence
        fācundia (= eloquence).
l.26   *Hippolytum*: Hippolytus was a devotee of the virgin huntress goddess Diana. He rejected Venus, goddess
        of love, and this led to his being killed by a sea monster; *pudīcum*: chaste
ll.27–28 Theseus and his friend Pirithous went down to the underworld to carry off Persephone; they were
        caught and imprisoned there. Theseus was rescued by Heracles, but Pirithous remained there; Theseus
        was unable to break the "chains of Lethe" for his dear friend. Lethe, Forgetfulness, was one of the rivers
        of the underworld; when the dead drank from it they forgot the world above.

puluis et umbra sumus

Read Housman's translation of the poem in the commentary and say how effectively
you feel it captures the tone and feeling of the original.

carmen cōnfēcerat; surrēxit et in uīllam lentē rediit. uix līmen trānsierat,
cum uīlicus, lacrimīs per genās cadentibus, ad eum accurrit. "domine,"

inquit, "nūntius trīstissimus tibi audiendus est: mortuus est Maecēnās."

20 Horātius, quamquam diū cognōuerat Maecēnātem grauiter aegrōtāre, angōre perculsus est. tacitus in tablīnum iniit amīcumque cārissimum, quī eum totiēns adiūuerat, quī semper benignus fuerat, semper līberālis, diū sōlus lūgēbat. posteā cognōuit Maecēnātem in testāmentō suō ad Augustum scrīpsisse: "Horātī Flaccī ut meī memor estō." Horātius iam omnēs amīcōs

25 cārissimōs perdiderat; uītae eum taedēbat. paucīs post mēnsibus ipse diem obiit. sepultus est in monte Esquilīnō prope tumulum Maecēnātis.

Vocabulary
Latin–English

Principal parts of all verbs are given except for regular verbs of the 1st conjugation, which are listed with infinitive only.

ā /ab + abl. from; by

abdūcō, abdūcere, abdūxī, abductum I lead away

abhinc ago

abiciō, abicere, abiēcī, abiectum I throw away

abruptus, -a, -um precipitous, steep

absēns, absentis absent

absum, abesse, āfuī + abl. I am away from, I am absent

ac, atque and

accēdō, accēdere, accessī, accessum I approach

accendō, accendere, accendī, accēnsum I set fire to

accidit, accidere, accidit it happens

accipiō, accipere, accēpī, acceptum I receive, sustain

accurrō, accurrere, accurrī, accursum I run to

accūsō, accūsāre I accuse

Achillēs, Achillis, (abl. Achillē) *m.* Achilles

aciēs, aciēī, *f.* line of battle, battle

acūtus, -a, -um sharp, acute

ad + acc. towards, to

addō, addere, addidī, additum I add

addūcō, addūcere, addūxi, adductum I lead to; I influence

adeō, adīre, adiī, aditum I go to , approach

adeō (adv.) so, to such an extent

adhaereō, adhaerēre, adhaesī, adhaesum I stick to, cling to

adhūc still

adiciō, adicere, adiēcī, adiectum I add to

adimō, adimere, adēmī, adēmptum I take away

adiuuō. adiuuāre, adiuuī, adiūtum I help

administrō, administrāre I manage, administer

admīratiō, admīrātiōnis, *f.* wonder

admīror, admīrārī I admire, wonder at

admittō, admittere, admīsī, admissum I let in, admit; I commit

adoptō, adoptāre I adopt

adsistō, adsistere, adstitī + dat. I stand by

adsum, adesse, adfuī I am present

aduena, -ae, *c.* stranger, foreigner

adueniō, aduenīre, aduēnī, aduentum I arrive; come to

aduentus, aduentūs, *m.* arrival

aduersor, aduersārī + dat.   I oppose

aduersus, -a, -um   facing, contrary, against

adulēscēns, adulēscentis, *m.*   young man

adytum, -ī, *n.*   sanctuary

aedēs, aedium, *f. pl.*   house, temple

aedificium, -ī, *n.*   building

aedificō, aedificāre   I build

aeger, aegra, aegrum   sick, ill

aegrē   with difficulty

aegrōtō, aegrōtāre   I am ill

aequor, aequoris, *n.*   sea

aequus, -a, -um   equal, fair

aerārium, -ī, *n.*   treasury

aes, aeris, *n.*   copper, money, fare

aestās, aestātis, *f.*   summer

aestimō, aestimāre   I value

aetās, aetātis, *f.*   age

aeternus, -a, -um   eternal

aeuum, -ī, *n.*   age

afficiō, afficere, affēcī, affectum   I affect

afflō, afflāre   I breathe upon

age, agite   come on!

agellus, -ī, *m.*   little field

ager, agrī, *m.*   field

agnōscō, agnōscere, agnōuī, agnitum   I recognize

agō, agere, ēgī, āctum   I drive; I do, manage; I spend (of time)

agora, -ae, *f.*   agora, city center

āiō (imperfect **āiēbam**)   I say

aliās   at other times

alibī   elsewhere

aliquamdiū   for some time

aliquandō   sometimes, at some time

aliquis, aliquid   someone, something

alius, alia, aliud   other, another

    aliī...aliī   some...others

almus, -a, -um   kindly

alter, altera, alterum   one or the other (of two); second

altus, -a, -um   high, deep

amābilis, -e   welcome, lovable

amātor, amātōris, *m.*   lover

amātōrius, -a , -um   of love

ambitiō, ōnis, *f.*   ambition

ambō, ambae, ambō   both

ambulō, ambulāre   I walk

amīca, ae, *f.*   girlfriend

amīcitia, -ae, *f.*   friendship

amīcus, -a, -um   friendly

amīcus, -ī, *m.*   friend

amō, amāre   I love

amoenitās, amoenitātis, *f.*   beauty

amoenus, -a, -um   pleasant, lovely

amor, amōris, *m.*   love

amphora, -ae, *f.*   jar

amplus, -a, -um   large

an?   or? (can introduce a question)

anceps, ancipitis   two-headed, undecided

angor, angōris, *m.*   anguish, vexation

angulus, -ī, *m.*   corner

anima, -ae, *f.*   soul

animus, -ī, *m.*   mind

    in animō habeō   I have in mind, intend

annus, ī, *m.*   year

ante + acc.   before

anteā (adv.)   before

antequam (conj.)   before

antīquus, -a, -um   old, ancient

ānxietās, ānxietātis, *f.*   anxiety

ānxius, -a, -um   anxious

aperiō, aperīre, aperuī, apertum   I open

apertus, -a, -um   open

appāreō, appārēre, appāruī, apparitum   I appear, am seen

appellō, appellāre   I call (by name)

applicō, applicāre   I apply to

apud + acc.   at the house of, at, with

aqua, -ae, *f.*   water

āra, -ae, *f.*   altar

arbitrium, arbitriī, *n.*   control

arbor, arboris, *f.*   tree

arcessō, arcessere, arcessīuī, arcessītum   I summon

ardeō, ardēre, arsī, arsum   I am on fire, I burn

argentum, -ī, *n.*   silver, money

arithmētica, -ae, *f.*   arithmetic

arma, armōrum, *n. pl.*   arms, weapons

armātus, -a, -um   armed

armiger, armigerī, *m.*   armor-bearer

arrīdeō, arrīdere, arrīsi, arrīsum + dat.   I smile at

arripiō, arripere, arripuī, arreptum   I snatch up

arrogāns, arrogantis   arrogant

ars, artis, *f.*   art, skill

arua, -ōrum, *n. pl.*   fields

ascendō, ascendere, ascendī, ascēnsum   I climb

ascrībō, -ere, ascrīpsī, ascrīptum   I add in writing

asellus, -ī, *m.*   little donkey

asinus, -ī, *m.*   ass

aspectō, aspectāre   I look at

aspiciō, aspicere, aspexī, aspectum   I look at

assequor, assequī, assecūtus sum   I pursue, catch up, attain

asseuērō, asseuērāre   I assert, maintain

assumō, -ere, assūmpsī, assūmptum   I take up

astō, astāre, astitī + dat.   I stand by, help

at   but

atque   and

ātrium, -ī, *n.*   hall

atrōx, atrōcis   fierce

attendō, attendere, attendī, attentum   I attend

attentē   attentively

attonitus, -a, -um   astonished

auctōritās, auctōritātis, *f.*   influence, authority

audāx, audācis   daring, rash

audeō, audēre, ausus sum   I dare

audiō, audīre, audīuī, audītum   I hear

audītor, audītōris, *m.*   listener, audience

āuertō, āuertere, āuertī, āuersum   I turn away

auferō, auferre, abstulī, ablātum   I carry away

augeō, augēre, auxī, auctum   I increase

auidus, -a, -um   greedy

auis, auis, *f.*   bird

aula, -ae, *f.*   courtyard

aura, -ae, *f.*   breeze, air

aureus, -a, -um   golden

auris, auris, *f.*   ear

aurum, ī, *n.*   gold

aut...aut   either...or

autem (second word)   but

auxilium, -ī, *n.*   help

balnea, -ōrum, *n. pl.*   baths

barbarus, -a, -um   barbarian

beātus, -a, -um   blessed, happy

bellum, -ī, *n.*   war

bene   well

benignus, -a, -um   kind

bibō, bibere, bibī   I drink

bis   twice

bona, -ōrum, *n. pl.*   goods

bonus, -a, -um   good

bōs, bouis, *m./f.*   cow

breuis, breue   short

cadō, cadere, cecidī, cāsum   I fall

caedēs, caedis, f.   slaughter, murder

caedō, caedere, cecīdī, caesum   I cut,
   slaughter

caelum, -ī, n.   sky, heaven

caerimōnia, -ae, f.   ceremony

calathus, calathī, m.   basket

campus, -ī, m.   field, plain

canālis, -is, m.   canal

candidātus, -ī, m.   candidate

candidus, -a, -um   white; candid

canis, canis, c.   dog

canō, canere, cecinī, cantum   I sing

cantō, cantāre   I sing (of)

caper, caprī, m.   goat

capiō, capere, cēpī, captum   I take

capsula, -ae, f.   box, satchel

captīuus, -a, -um   captive

caput, capitis, n.   head

carcer, carceris, m.   prison

carduus, carduī, m.   thistle

careō, carēre, caruī + abl.   I lack, am
   without

carmen, carminis, n.   song, poem

carpō, carpere, carpsī, carptum   I pluck,
   pick

cārus, -a, -um   dear

casa, -ae, f.   house, cottage

castra, castrōrum, n. pl.   camp

cāsus, -ūs, m.   mishap, misfortune

caueō, cauēre, cāuī, cautum   I beware

caupōna, -ae, f.   inn

causa, -ae, f.   cause, reason

   causā + gen. (postposition)   for the
      sake of

cautus, -a, -um   cautious

cauus, -a, -um   hollow

cedo! (imperative)   give!

cēdō, cēdere, cessī, cessum   I yield, give
   way to; I go

celebrō, celebrāre   I celebrate

celer, celeris, celere   quick

celeritās, celeritātis, f.   speed

celeriter   quickly

cēlō, cēlāre   I hide

cēna, -ae, f.   dinner

cēnāculum, -ī, n.   attic

cēnō, cēnāre   I dine

cēnseō, cēnsēre, cēnsuī, cēnsum   I vote,
   decree

centum   a hundred

centuriō, centuriōnis, m.   centurion

certē   certainly

certus, -a, -um   certain; resolved

   aliquem certiōrem faciō   I inform
      someone

   prō certō habeō   I am certain

cessō, cessāre   I idle, am inactive; I
   linger

cēterī, cēterae, cetera   the others, the
   rest

chorus, -ī, m.   chorus, dance

cibus, -ī, m.   food

circā + acc.   around; about (of time)

circum + acc.   around

circumdō, -dare, -dedī, -datum   I
   surround

circumspectō, circumspectāre   I look
   around

circumstō, -stāre, -stetī, -statum   I stand
   around

circumueniō, -uenīre, -uēnī, -uentum   I
   surround

cīuīlis, cīuīle   of citizens, civil

cīuis, cīuis, c.   citizen

cīuitās, cīuitātis, f.   city, state

clādēs, clādis, f.   disaster

clam   secretly

clāmō, clāmāre   I shout

clāmor, clāmōris, m.   shout

clārus, -a, -um   clear, bright, famous

classis, classis, f.   fleet

claudō, claudere, clausī, clausum I shut

clēmentia, -ae, *f.* mercy

cliēns, clientis, *m.* client, dependant

coepī, coepisse I began

cōgitō, cōgitāre I think, reflect

cognōscō, cognōscere, cognōuī, cognitum I get to know, learn

cōgō, cōgere, coēgī, coāctum I compel

cohors, cohortis, *f.* cohort

colligō, colligere, collēgī, collēctum I gather, collect

collis, collis, *m.* hill

collocō, collocāre I place, position

colloquium, -ī, *n.* conversation, talk

colloquor, colloquī, collocūtus sum I talk with

colō, colere, coluī, cultum I cultivate; I worship, honor, take care of

colōnia, -ae, *f.* colony

colōnus, -ī, *m.* farmer

comes, comitis, *c.* companion

cōmis, cōme friendly

cōmiter in a friendly way

comitia, -ōrum, *n. pl.* elections

comitor, and comitō, comitārī, comitātus sum I accompany

commendō, commendāre I introduce, commend

commīlitō, -ōnis, *m.* fellow soldier

committō, committere, commīsī, commissum I entrust; I join (battle)

commōtus, -a, -um moved

commoueō, commouēre, commōuī, commōtum I move deeply

cōmoedia, -ae, *f.* comedy

comparō, comparāre I acquire, get

complector, complectī, complexus sum I embrace

complūrēs, complūra several

compōnō, compōnere, composuī, compositum I put together, compose

comprehendō, comprehendere, comprehendī, comprehēnsum I seize; I understand

concipiō, concipere, concēpī, conceptum I take hold of, conceive

conclāue, conclāuis, *n.* room

concurrō, concurrere, concurrī, concursum I run together

condō, condere, condidī, conditum I store; I found

condūcō, condūcere, condūxī, conductum I hire

cōnfectus, -a, -um finished, worn out, overwhelmed

cōnficiō, cōnficere, cōnfēcī, cōnfectum I finish; I overwhelm; I arrange

cōnfīdō, cōnfīdere, cōnfīsus sum + dat. I trust

cōnfirmō, cōnfirmāre I strengthen, encourage

coniciō, conicere, coniēcī, coniectum I hurl

coniungō, coniungere, coniūnxī, coniūnctum I join together

coniūrātus, -ī, *m.* conspirator

cōnor, cōnārī, cōnātus sum I try

cōnscendō, cōnscendere, cōnscendī, cōnscēnsum I board (a ship)

cōnsēnsus, -ūs, *m.* agreement, consensus

cōnsilium, -ī, *n.* plan

cōnsistō, cōnsistere, cōnstitī, cōnstitum I halt, stand still

cōnsōlor, cōnsōlārī, cōnsōlātus sum I comfort, console

cōnspectus, cōnspectūs, *m.* sight, view

cōnspiciō, cōnspicere, cōnspexī, cōnspectum I catch sight of

cōnstituō, cōnstituere, cōnstituī, cōnstitūtum I decide; I set up

cōnstruō, cōnstruere, cōnstruxī,
cōnstructum I construct, build

cōnsul, cōnsulis, *m.* consul

cōnsulātus, -ūs, *m.* consulship

cōnsulō, cōnsulere, cōnsuluī,
cōnsultum I consult; (+ dat.) consult
the interests of

cōnsūmō, cōnsūmere, cōnsūmpsī,
cōnsūmptum I consume, eat

contemnō, contemnere, contempsī,
contemptum I despise

contendō, contendere, contendī,
contentum I walk, march

contentus, -a, -um content

continentia, -ae, *f.* restraint, self-control

continuō immediately

continuus, -a, -um continuous, on
end

contrā + acc. against, opposite

contubernium, contuberniī, *n.* tent

conueniō, conuenīre, conuēnī,
conuentum I come together, meet

conuentus, -ūs, *m.* meeting

conuīua, -ae, *c.* guest

conuiuium, -ī, *n.* dinner party

conuocō, conuocāre I call together

cōpia, -ae, *f.* plenty

cōpiae, -ārum, *f. pl.* forces

cor, cordis, *n.* heart

cornū, -ūs, *n.* horn; wing of an army

corōna, -ae, *f.* crown, garland

corpus, corporis, *n.* body

corrigō, -ere, corrēxī, corrēctum I
correct

corripiō, corripere, corripuī, correptum I
seize, steal

cotīdiē every day

crās tomorrow

crāstinus, -a, -um tomorrow's

crēdō, crēdere, crēdidī, crēditum +
dat. I believe, trust

creō, creāre I elect, appoint

crēscō, crēscere, crēuī, crētum I grow,
increase

crūdēlis, crūdēle cruel

cubō, cubāre, cubuī, cubitum I lie down,
recline

culpō, culpāre blame

cum (conjunction) when, since,
although

cum prīmum as soon as

cum + abl. with

cūnctus, -a, -um all

cupiō, cupere, cupīuī, cupītum I desire,
want

cūr? why

cūra, -ae, *f.* care

cūria, -ae, *f.* senate-house

cūrō, cūrāre I care for, look after

currō, currere, cucurrī, cursum
I run

currus, -ūs, *m.* chariot

cursus, -ūs, *m.* running; a course

custōdiō, custōdīre, custōdīuī,
custōdītum I guard

custōs, custōdis, *m.* guard

Cyclōps, Cyclōpis, *m.* a Cyclops

dē + abl. about; down from

dea, -ae, *f.* goddess

dēbeō, dēbēre, dēbuī, dēbitum I ought,
must

decemuirī, -ōrum, *m. pl.* commission of
ten men

dēcidō, dēcidere, dēcidī I fall down

decimus, -a, -um tenth

dēdecus, dēdecoris, *n.* disgrace

dēdō, dēdere, dēdidī, dēditum I give up,
surrender

dēdūcō, -ere, dēdūxī, deductum I lead
down, I subtract

dēfendō, dēfendere, dēfendī,
   dēfēnsum   I defend
dēfēnsor, dēfēnsōris, *m.*   defender,
   protector
deinde   then, next
dēlectō, delectāre   I please, delight
dēleō, dēlēre, dēlēuī, dēlētum   I destroy
dēmittō, dēmittere, demīsī   I send
   down, let down
dēmum   at last
dēnārius, -ī, *m.*   a penny
dēnique   finally, lastly
dēpōnō, dēpōnere, dēposuī,
   dēpositum   I put down
dēscendō, dēscendere, dēscendī,
   dēscēnsum   I descend, come down
dēscrībō, dēscrībere, dēscrīpsī,
   dēscrīptum   I write down, describe
dēserō, dēserere, dēseruī, dēsertum   I
   desert
dēsertus, -a, -um   deserted
dēsīderō, dēsīderāre   I long for, miss
dēsignō, dēsignāre   I appoint
dēsiliō, dēsilīre, dēsiluī   I jump down
dēsinō, dēsinere, dēsiī/dēsīuī,
   desitum   I cease
dēsistō, dēsistere, dēstitī, dēstitum   I
   cease from
dēspērātiō, dēspērātiōnis, *f.*   despair
dēspērō, dēspērāre   I despair
dēspiciō, dēspicere, dēspexī,
   dēspectum   I look down on
dēsum, dēesse, dēfuī + dat.   I fail
dēuorō, dēuorāre   I swallow down,
   devour
deus, -ī, *m.*   god
dexter, dextra, dextrum   right
   ā dextrā (manū)   on the right (hand)
dī immortālēs   immortal gods!
dīcō, dīcere, dīxī, dictum   I say
dictātōr, dictātōris, *m.*   dictator

dictō, dictāre   I dictate
Dīdō, Dīdōnis, *f.*   Dido
diēs, diēī, *m.*   day
   in diēs   daily, from day to day
differtus, -a, -um + abl.   filled with,
   packed with
difficilis, difficile   difficult
difficultās, difficultātis, *f.*   difficulty
diffugiō, diffugere, diffūgī   I flee away
diffundō, -ere, diffūdī, diffūsum   I
   scatter
dignus, -a, -um + abl.   worthy (of)
dīligēns, dīligentis   hard-working, careful
dīligenter   carefully, hard
dīligentia, -ae, *f.*   care, diligence
dīligō, dīligere, dīlēxī, dīlēctum   I
   esteem, love
dīmidium, dīmidiī, *n.*   half
dīmittō, dīmittere, dīmīsī, dīmissum   I
   send away, dismiss; I lower
dīrus, -a, -um   terrible, dire
discēdō, discēdere, discessī,
   discessum   I go away, depart
disciplīna, -ae, *f.*   training, discipline,
   learning
discipulus, -ī, *m.*   pupil
discō, discere, didicī   I learn
discrīmen, discrīminis, *n.*   crisis
discurrō, discurrere, discurrī,
   discursum   I run about
dispereō, -īre, disperiī   I perish
dispōnō, dispōnere, disposuī,
   dispositum   I arrange, dispose
disserō, disserere, disseruī, dissertum   I
   discuss
dītior, dītius   richer
diū   for a long time
dīues, dīuitis   rich
dīuidō, dīuidere, dīuīsī, dīuīsum   I divide
dīuīnus, -a, -um   divine; second-sighted
dīuitiae, -ārum, *f. pl.*   riches

diūtius   for a longer time, longer

dō, dare, dedī, datum   I give

doceō, docēre, docuī, doctum   I teach somebody (acc.) something (acc.)

doctor, doctōris, *m.*   teacher

doctrīna, -ae, *f.*   teaching, doctrine

doctus, -a, -um   learned

doleō, dolēre, doluī   I feel pain, I grieve for

dolor, dolōris, *m.*   pain, grief

dolus, -ī, *m.*   trick

domicilium, -ī, *n.*   lodging

domina, -ae, *f.*   mistress

dominor, dominārī, dominātus sum   I control, dominate

dominus, -ī, *m.*   master

domum   (to) home

domus, domūs/domī, *f.*   house, home
domī   at home

dōnec   until

dōnō, dōnāre   I give

dōnum, -ī, *n.*   gift

dormiō, dormīre, dormīuī, dormītum   I sleep

dorsum, -ī, *n.*   back

dubitō, dubitāre   I doubt, hesitate

dubius, -a, -um   doubtful
sine dubiō   without doubt

dūcō, dūcere, dūxī, ductum   I lead; I draw (water); I marry

dulcis, dulce   sweet

dum   while

duo, duae, duo   two

duodecim   twelve

dux, ducis, *c.*   leader

ē/ex + abl.   out of, from

eam, eum   her, him

ēbrius, -a, -um   drunk

ecce!   look!

ēdō, ēdere, ēdidī, ēditum   I produce, utter, publish, proclaim

edō, ēsse, ēdī, ēsum   I eat

efficiō, efficere, effēcī, effectum   I effect, do

effugiō, effugere, effūgī, effugitum   I flee away, escape

ego   I (acc. **mē**)

ēgredior, ēgredī, ēgressus sum   I go out of

ēlātus, -a, -um   excited

ēloquentia, -ae, *f.*   eloquence

ēmānō, ēmānāre   I flow out; I become known

ēmittō, ēmittere, ēmīsī, ēmissum   I send out

emō, emere, ēmī, ēmptum   I buy

enim (second word)   for

eō (adv.)   thither, (to) there

eō, īre , iī/īuī, itum   I go

eōs, eās   them

epistola, -ae, *f.*   letter

eques, equitis, *m.*   horseman

equidem = ego quidem   I (emphatic)

equitēs, equitum, *m. pl.*   cavalry

equitō, equitāre   I ride (a horse)

equus, -ī, *m.*   horse

ergō   and so

ēripiō, ēripere, ēripuī, ēreptum   I snatch away, rescue

errō, errāre   I wander; I err, am wrong

ērumpō, ērumpere, ērūpī, ēruptum   I burst out

estō, estōte   be! (imperatives of **sum**)

et   and
et...et   both...and

etiam   also, even

ēuādō, ēuādere, ēuāsī, ēuāsum   I escape

ēuānēscō, -ere, ēuānuī   I disappear, vanish

ēuentus, -ūs, *m.*   outcome

ēuertō, ēuertere, ēuertī, ēuersum   I
  overturn

euge!   good!

ēuigilō, ēuigilāre   I wake up

ex quō   since

excipiō, excipere, excēpī, exceptum   I
  receive

excitō, excitāre   I rouse, wake up

excūsātiō, excūsātiōnis, f.   excuse

excutiō, excutere, excussī, excussum   I
  shake off

exemplum, -ī, n.   example

exeō, exīre, exiī, exitum   I go out

exerceō, exercēre, exercuī, exercitum   I
  exercise, train

exercitus, -ūs, m.   army

exhibeō, exhibēre, exhibuī, exhibitum   I
  show

exigō, exigere, exēgī, exāctum   I drive
  out; I exact

exitiālis, -e   deadly

exitium, -ī, n.   destruction

expellō, expellere, expulī, expulsum   I
  drive out

expergīscor, -ī, experrēctus sum   I wake
  up

explōrō, explōrāre   I explore

expōnō, expōnere, exposuī, expositum   I
  put out; I explain

exsiliō, -īre, exsiluī   I jump out

exspectō, exspectāre   I wait for

exstinguō, exstinguere, exstīnxī,
  exstīnctum   I put out, quench, destroy

exstruō, exstruere, exstrūxī,
  exstrūctum   I build

externus, -a, -um   external, foreign

extrā + acc.   outside

fābella, -ae, f.   story, play

fabricō, -āre   I make, build

fābula, -ae, f.   story

facētus, -a, -um   witty

facile   easily

facilis, facile   easy

facilitās, facilitātis, f.   ease, facility

faciō, facere, fēcī, factum   I do; I make

falsus, -a, -um   false

fāma, -ae, f.   fame, reputation,
  report

famēs, famis, f.   hunger

familia, -ae, f.   family, household

familiāris, -is, c.   friend

fānum, -ī, n.   shrine

fās (indecl.)   right

fastīdiōsē   disdainfully

fātum, -ī, n.   fate, destiny

faueō, fauēre, fāuī, fautum + dat.   I
  favor, support

fautor, fautōris, m.   supporter

fēlīx, fēlicis   happy, lucky

fēmina, -ae, f.   woman

fenestra, -ae, f.   window

feriō, ferīre   I strike

ferō, ferre, tulī, lātum   I carry, bear

ferōx, ferōcis   fierce

ferrum, -ī, n.   iron; sword

feruidus, -a, -um   burning, passionate

ferula, -ae, f.   cane

ferus, -a, -um   wild

fessus, -a, -um   tired

festīnō, festīnāre   I hurry

festus, -a, -um   festal, feast

fīcus, -ī, f.   fig

fidēlis, fidēle   faithful, loyal

fīdūcia, -ae, f.   trust, confidence

fīlia, -ae, f.   daughter

fīlius, -ī, m.   son

fīnis, fīnis, m.   end
  fīnēs, fīnium, m. pl.   boundaries,
    territory

fīnitimus, -a, -um   on the boundaries,
  neighboring

fīō, fierī, factus sum I am made, I become

flagrō, flagrāre I burn, blaze

flamma, -ae, *f.* flame

flēbilis, flēbile to be wept for, lamentable

fleō, flēre, flēuī, flētum I weep

flōs, flōris, *m.* flower

fluctus, -ūs, *m.* wave

flūmen, flūminis, *n.* river

fluō, fluere, fluxī, fluxum I flow

foedus, foederis, *n.* treaty

fōns, fontis, *m.* spring, fountain

for, fārī, fātus sum I speak, say

forēs, -um, *f. pl.* door

fōrma, -ae, *f.* shape, beauty

fortis, forte brave

fortiter bravely, vigorously

fortūna, -ae, *f.* fortune, luck

fortūnātus, -a, -um fortunate, lucky

forum, -ī, *n.* forum, city center

foueō, fouēre, fōuī, fōtum I cherish, support, assist

frāctus, -a, -um broken

frangō, frangere, frēgī, frāctum I break

frāter, frātris, *m.* brother

frīgidus, -a, -um cold, boring

frīgus, frīgoris, *n.* cold

frūgāliter frugally

frūmentum, -ī, *n.* grain

fruor, fruī, frūctus sum + abl. I enjoy

frūstrā in vain

fuga, -ae, *f.* flight

fugāx, fugācis fleeting

fugiō, fugere, fūgī, fugitum I flee

fulgeō, fulgēre, fulsī I shine

fūmus, -ī, *m.* smoke

fundus, -ī, *n.* farm

fūnis, -is, *m.* rope, cable

fūnus, fūneris, *n.* funeral

furcifer, -erī, *m.* thief

furō, furere I run mad

furor, furōris, *m.* madness

futūra, -ōrum, *n. pl.* the future

garriō, -īre, garrīuī, garrītum I chatter

gaudeō, gaudēre, gāuīsus sum I rejoice; + abl. I rejoice in

gaudium, -ī, *n.* joy

gelidus, -a, -um cold

geminus, -a, -um twin

gena, -ae, *f.* cheek

gēns, gentis, *f* race, people

genus, generis, *n.* sort, kind, race

gerō, gerere, gessī, gestum I carry, wear

  bellum gerō I wage war

  mē gerō I behave myself

  rem gerō I conduct a matter

gladius, -ī, *m.* sword

glōria, -ae, *f.* glory

gradus, -ūs, *m.* step

Graecī, Graecōrum, *m. pl.* Greeks

Graecia, Graeciae, *f.* Greece

grāmen, grāminis, *n.* grass

grandō, grandinis, *f.* hail

grātiae, -ārum, *f. pl.* thanks

  grātiās agō + dat. I give thanks (to)

grātulātiō, grātulātiōnis, *f.* congratulations

grātus, -a, -um pleasing; grateful

grauis, graue heavy, grave, serious

gremium, gremiī, *n.* lap

grex, gregis, *m.* herd, flock

gubernātor, gubernātōris, *m.* helmsman

gustō, gustāre I taste

habeō, habēre, habuī, habitum I have

  prō certō habeō I am sure that

habitō, habitāre I inhabit, live

haedus, -ī, *m.* kid (young goat)

hasta, -ae, *f.* spear

haud not

Hector, Hectoris, *m.* Hector

hērēs, hērēdis, *m.* heir

hērōs, hērōis, *m.* hero

hīc here

hic, haec, hoc this

hīc...illīc here...there

hiems, hiemis, *f.* winter

hilaris, hilare cheerful

Hispānia, Hispāniae, *f.* Spain

hodiē today

hodiernus, -a, -um of today, today's

homō, hominis, *c.* human being, man

honestus, -a, -um honorable

honor, honōris, *m.* honour, office

hōra, -ae, *f.* hour

Horātius, Horātī, *m.* Horace

horrendus, -a, -um horrific

horreō, horrēre, horruī I tremble,
  shudder at

horreum, horreī, *n.* granary

horribilis, horribile horrible

horridus, -a, -um rough, savage

hortus, -ī, *m.* garden

hospes, hospitis, *c.* host, guest

hospitium, hospitiī, *n.* inn, lodgings

hostis, hostis, *m.* enemy

hūc hither, this way

hūc...illūc this way and that

hūmānus, -a, -um human; humane,
  kind

iaceō, iacēre, iacuī I lie (down)

iaciō, iacere, iēcī, iactum I throw

iam now, already

iamdūdum long ago; for a long time
  now

iānitor, iānitōris, *m.* door-keeper

iānua, -ae, *f.* door

ibi there

īdem, eadem, idem the same

identidem repeatedly, again and again

idōneus, -a, -um suitable

iēiūnus, -a, -um hungry

igitur (second word) therefore

ignāuus, -a, -um lazy, cowardly

ignis, ignis, *m.* fire

ignōscō, ignōscere, ignōuī, ignōtum +
  dat. I pardon, forgive

ignōtus, -a, -um unknown

īlex, īlicis, *f.* holm oak

ille, illa, illud that; he, she, it

illīc there

illūminō, illūmināre I light up, illuminate

imber, imbris, *m.* rain

imbibō, imbibere, imbibī imbibe,
  absorb

immemor, immemoris + gen. forgetful
  of

immineō, imminēre + dat. I hang over,
  threaten

immortālis, immortāle immortal

impediō, impedīre, impedīuī,
  impedītum I hinder, prevent

imperātor, imperātōris, *m.* general

imperium, -ī, *n.* order

    imperium Rōmānum the Roman
      empire

imperō, imperāre + dat. I order

impudēns, impudentis impudent,
  shameless

in + abl. in, on

in + acc. into, to

incendium, -ī, *n.* fire

incendō, incendere, incendī, incēnsum I
  set on fire

incēnsus, -a, -um burning

incertus, -a, -um uncertain

incidō, incidere, incidī, incāsum I fall
  into

incipiō, incipere, incēpī, inceptum I begin

incitō, incitāre I urge on, incite

inclīnor, inclīnārī I incline

inclūdō, inclūdere, inclūsī, inclūsum I shut in

incolumis, incolume safe

inde thence, from there

indicō, indicāre I declare

indignus, -a, -um + abl. unworthy (of)

indomitus, -a, -um invincible

induō, induere, induī, indūtum I put on (clothes)

indūtus, -a, -um dressed in

ineō, inīre, iniī, initum I enter, begin

iners, inertis, *m.* lazy

īnfāns, īnfantis, *c.* infant, baby; (adj.) dumb

īnfēlīx, īnfēlīcis unhappy, unlucky

infernus, -a, -um infernal, of the underworld

īnferō, īnferre, intulī, illātum I bring into, bring against

īnficiō, īnficere, īnfēcī, īnfectum I stain

īnfirmus, -a, -um weak

ingeniōsus, -a, -um clever, talented

ingenium, -ī, *n.* character, talents

ingēns, ingentis huge

ingredior, ingredī, ingressus sum I go into, enter

inimīcus, -ī, *m.* enemy

innocēns, innocentis innocent, harmless

inquit he/she says

inquiunt they say

īnscrīptiō, īnscrīptiōnis, *f.* inscription

īnsidiae, -ārum, *f. pl.* ambush, trap

īnsignis, īnsigne outstanding, distinguished

īnspiciō, īnspicere, īnspexī, inspectum I look at

īnstituō, īnstituere, īnstituī, īnstitūtum I establish, train

īnstō, īnstāre, īnstitī I press on, threaten

īnstruō, īnstruere, īnstrūxī, īnstrūctum I set up, establish, teach, train

īnsula, -ae, *f.* island; block of flats

īnsum, inesse, īnfuī I am in, I am among

integer, integra, integrum whole, fresh, upright, honest

intellegō, intellegere, intellēxī, intellēctum I understand

intentē intently

inter + acc. among, between

interdiū in the daytime

interdum from time to time

intereō, interīre, interiī, interitum I perish

intereā meanwhile

interficiō, interficere, interfēcī, interfectum I kill

interim meanwhile

intersum, interesse, interfuī + dat. I am among, I take part in

intimus, -a, -um innermost, most intimate

intrō, intrāre I go into, enter

intueor, intuērī, intuitus sum I gaze at

intus (adv.) inside

inueniō, inuenīre, inuēnī, inuentum I find

inuideō, inuidēre, inuīdī, inuīsum + dat. I envy

inuidia, -ae, *f.* envy, spite

inuītō, inuītāre I invite

inuītus, -a, -um unwilling

inūtilis, -e useless

iocōsē in jest

iocus, -ī, *m.* joke

ipse, ipsa, ipsum himself, herself, itself

īra, -ae, *f.* anger

īrāscor, īrāscī, īrātus sum + dat. I become angry

īrātus, -a, -um angry

irrīdeō, irrīdēre, irrīsī, irrīsum I laugh at

irrumpō, irrumpere, irrūpī, irruptum I burst in

is, ea, id he, she, it; that

    is...quī the man who

ita so, thus

itaque and so, therefore

iter, itineris, *n.* journey

iterum again

iubeō, iubēre, iussī, iussum I order

    ualēre iubeō I bid goodbye

iūcundus, -a, -um pleasant, delightful

iūgis, -e ever-flowing

Iuppiter, Iouis, *m.* Jupiter

iūrō, iūrāre swear

iūs, iūris, *n.* right, justice

iussum, -ī, *n.* order

iuuenis, iuuenis, *m.* young man

iuuō, iuuāre, iūuī, iūtum I help

    (mē) iuuat, iuuāre, iūuit it pleases, delights (me)

lābor, lābī, lāpsus sum I slip, slide

labor, labōris, *m.* work, suffering

labōriōsus, -a, -um laborious, toilsome

labōrō, labōrāre I work

lacrima, -ae, *f.* tear

lacūna, -ae, *f.* pool

laetus, -a, -um happy, joyful

laeuus, -a, -um left

lapis, lapidis, *m.* stone

lateō, latēre, latuī I lie hidden

lātrātus, -ūs, *m.* barking

lātus, -a, -um wide, broad

latus, lateris, *n.* side

laudō, laudāre I praise

lauō, lauāre, lāuī, lautum I wash

laureus, -a, -um of laurel

laurus, -ī, *f.* laurel

laus, laudis, *f.* praise

lectus, -ī, *m.* bed, couch

lēgātus, -ī, *m.* deputy, officer, envoy; commander

legiō, legiōnis, *f.* legion

legō, legere, lēgī, lēctum I read

lēnis, lēne gentle

lentē slowly

lētum, -ī, *n.* death

leuis, leue light

lēx, lēgis, *f.* law

libēns, libentis willing

libenter gladly

līber, lībera, līberum free

liber, librī, *m.* book

liberālis, liberāle generous, liberal

līberō, līberāre I free

lībertās, lībertātis, *f.* freedom

lībertīnus, -a, -um of a freedman; a freedman

lībertus, -ī, *m.* freedman

ligō, ligāre I tie up

līmen, līminis, *n.* threshold

linter, lintris, *f.* boat, barge

littera, litterae, *f.* a letter (of the alphabet)

    litterae, -ārum, *f. pl.* literature; a letter

lītus, lītoris, *n.* shore

locō, locāre I place

locus, locī, *m.* **(loca, locōrum,** *n. pl.*) a place

longē far

longus, -a, -um long

loquor, loquī, locūtus sum I speak

lūceō, lūcēre, lūxī   I shine
lūcidus, -a, -um   shining
lūdō, lūdere, lūsī, lūsum   I play
lūdus, lūdī, *m.*   school, game
    lūdī, lūdōrum, *m. pl.*   the games
lūgeō, lūgēre, lūxī, luctum   I mourn
lūmen, lūminis, *n.*   light
lūna, -ae, *f.*   moon
lupus, -ī, *m.*   wolf
lūx, lūcis, *f.*   light
lympha, -ae, *f.*   water
lyra, -ae, *f.*   lyre

Maecēnās, Maecēnātis, *m.*   Maecenas
maereō, maerēre   I grieve (for)
maestus, -a, -um   sad
magis   more
magister, magistrī, *m.*   master
magistrātus, -ūs, *m.*   magistrate;
   magistracy (i.e. the post of magistrate)
magnificus, -a, -um   magnificent, stately
magnitūdō, magnitūdinis, *f.*   great size
magnopere   greatly
magnus, -a, -um   great, big
maiestās, maiestātis, *f.*   majesty
maiōrēs, maiōrum, *m. pl.*   ancestors
mala, -ōrum, *n. pl.*   evils, troubles
mālō, mālle, māluī   I prefer
malus, -a, -um   bad
māne   early (in the morning)
maneō, manēre, mānsī, mānsum   I
   stay, remain, await
manus, manūs, *f.*   hand; band (of
   people)
mare, maris, *n.*   sea
marīnus, -a, -um   sea, marine
marītus, -ī, *m.*   husband
māter, mātris, *f.*   mother
mātrimōnium, -ī, *n.*   marriage
mātrōna, -ae, *f.*   married woman

maximus, -a, -um   very great, greatest
mē (acc.)   me
mediocritās, mediocritātis,
   f.   moderation, mean
meditor, meditārī, meditātus sum   I
   think over, meditate
medius, -a, -um   middle
melior, melius   better
meminī, meminisse + gen. or acc.   I
   remember
memor, memoris + gen.   mindful of,
   remembering
memoria, -ae, *f.*   memory
memorō, memorāre   I remind of,
   mention
mēns, mentis, *f.*   mind
mēnsa, -ae, *f.*   table
mēnsis, mēnsis, *m.*   month
mercātor, mercātōris, *m.*   merchant
mereō, merēre, meruī, meritum   I
   deserve, earn
merīdiēs, merīdiēī, *m.*   midday
   merīdiē   at midday
merum, merī, *n.*   wine unmixed with
   water
merx, mercis, *f.*   merchandise
metō, -ere, messuī, messum   I reap
metuō, metuere, metuī, metūtum   I fear
meus, -a, -um   my
mihi licet, licēre, licuit   it is permitted for
   me, I am allowed, I may
mīles, mīlitis, *m.*   soldier
mīlitāris, mīlitāre   of soldiers, military
mīlitō, mīlitāre   I serve (as a soldier), I
   campaign
mīlle   a thousand
   mīlle passūs   a mile
    mīlia, *n. pl.*   thousands;
    mīlia passuum   miles
minae, minārum, *f. pl.*   threats
minimus, -a, -um   very little

minor, minārī, minātus sum + dat.   I
  threaten

mInor, mInus   smaller

mīror, mīrārī, mīrātus sum   I wonder at,
  admire

mīrus, -a, -um   wonderful

miser, misera, miserum   miserable

mittō, mittere, mīsī, missum   I send

moderātiō, moderātiōnis, f.
  moderation

modestus, -a, -um   modest, moderate

modicus, -a, -um   moderate, modest,
  small

modo   only; lately

modo...modo   now...now

modus, -ī, m.   way; kind, sort

moenia, moenium, n. pl.   walls,
  fortifications

mōlēs, mōlis, f.   jetty; mass

molestus, -a, -um   tiresome

mollis, molle   soft

mōmentum, -ī, n.   importance

moneō, monēre, monuī, monitum   I
  warn, advise

monitus, -ūs, m.   warning

mōns, montis, m.   mountain

mōnstrō, mōnstrāre   I show

mōnstrum, mōnstrī, n.   monster

monumentum, -ī, n.   monument

morbus, -ī, m.   disease

mora, -ae, f.   delay

morior, morī, mortuus sum   I die

moritūrus, -a, -um   about to die

moror, morārī, morātus sum   I delay

mors, mortis, f.   death

mortālis, mortāle   mortal

mortuus, -a, um   dead

mōs, mōris, m.   custom

  mōs maiōrum   the custom of our
    ancestors

mox   soon

mūgiō, mūīre, mūgīuī, mugītum   I low,
  bellow

mūla, -ae, f.   mule

mulier, mulieris, f.   woman

multitūdō, multitūdinis, f.   multitude,
  crowd

multō   much

multus, -a, -um   much, many

mūnus, mūneris, n.   gift, duty;
  (gladiatorial) show

murmur, murmuris, n.   murmur

murmurō, murmurāre   I murmur

mūrus, -ī, m.   wall

mūs, mūris, m.   mouse

Mūsa, -ae, f.   Muse

mūtō, mūtāre   I change

Mycēnae, Mycēnārum, f. pl.   Mycenae

nam, namque   for

nārrō, nārrāre   I tell, narrate

nārrrātiō, nārrātiōnis, f.   narrative, story

nāscor, nāscī, nātus sum   I am born

nātālis (diēs)   birthday

nātūra, -ae, f.   nature

nātus, -a, -um   born

nātus, -ī, m.   son

nāuigātiō, nāuigātiōnis, f.   sailing, sea-
  voyage

nāuigō, nāuigāre   I sail

nāuis, nāuis, f.   ship

nauta, -ae, m.   sailor

nē   lest, in order not to

nē...quidem   not even

nec/neque   nor, and not

nec/neque...nec/neque   neither ... nor

necesse est   it is necessary

nefās (indecl.)   wrong

neglegō, neglegere, neglēxī,
  neglēctum   I neglect

negō, negāre   I say that ... not; I deny

negōtium, -ī, *n.* business

nēmō, (gen.) nūllīus, (dat.) nēminī, (acc.) nēminem, (abl.) nūllō, *c.* no one

nemus, nemoris, *n.* wood, grove

nesciō, nescīre, nescīuī/nesciī, nescītum I do not know

nēue (with subj.) and not

niger, nigra, nigrum black

nihil/nīl nothing

nihilōminus nevertheless

nimis too much

nimium, -ī, *n.* + gen. too much

nisi unless; except

nitidus, -a, -um shining

nix, niuis, *f.* snow

nōbilis, nōbile famous, noble

noctū by night

nocturnus, -a, -um of the night, nocturnal

nōlō, nōlle, nōluī I am unwilling, I refuse

nōlī, nōlīte! don't!

nōmen, nōminis, *n.* name

nōmine by name, called

nōn not

nōn iam no longer

nōn sōlum...sed etiam not only...but also

nōndum not yet

nōnne? don't...?

nōnnūllī, -ae, -a some

nōnnumquam sometimes

nōnus, -a, -um ninth

nōs we, us

noster, nostra, nostrum our

nōtus, -a, -um known, well-known

nouus, -a, -um new

nox, noctis, *f.* night

nūbēs, nūbis, *f.* cloud

nūbō, nūbere, nūpsī, nūptum + dat. I marry

nūdus, -a, -um nude, naked

nūgae, -ārum, *f. pl.* trifles, nonsense

nūllus, -a, -um no

num whether (in indirect questions)

num? surely not?

numerō, numerāre I count

numerus, -ī, *m.* number

numquam never

nunc now

nūndinae, -ārum, *f. pl.* market day

nūntiō, nūntiāre I announce

nūntius, -ī, *m.* message; messenger

nūper lately

nūptiae, -ārum, *f. pl.* wedding

nūptiālis, nūptiāle of a wedding, nuptial

ob + acc. on account of

obeō, obīre, obiī, obitum I go to meet, meet; I die

diem obeō I meet my end

obēsus, -a, -um fat

oblīuīscor, oblīuīscī, oblītus sum + gen. or acc. I forget

oblīuium, oblīuiī, *n.* forgetfulness

obscūrō, obscūrāre I darken

obsideō, obsidēre, obsēdī, obsessum I besiege

obstrepō, obstrepere, obstrepuī, obstrepitum I roar, murmur

obstrictus, -a, -um tied up

obuiam eō + dat. I go to meet

occidō, occidere, occidī, occāsum I fall, die; I set (of the sun)

occīdō, occīdere, occīdī, occīsum I kill

occupātus, -a, -um occupied, busy

occupō, occupāre I seize, occupy

occurrō, occurrere, occurrī, occursum + dat. I meet

ōcius (more) swiftly

octō eight

oculus, -ī, *m.*   eye

ōdī, ōdisse   I hate

odium, -ī, *n.*   hatred

offerō, offerre, obtulī, oblātum   I offer

officium, -ī, *n.*   duty

ōlim   once (in the past), some time (in the future)

olīua, -ae, *f.*   olive; olive tree

olīuētum, -ī, *n.*   olive grove

ōmittō, ōmittere, ōmīsī, ōmissum   I let go, neglect

omnīnō   altogether, completely

omnis, omne   all

onerō, onerāre   I burden, heap on

onus, oneris, *n.*   burden

opēs, opum, *f. pl.*   wealth

(mē) oportet, oportēre, oportuit   (I) ought

opprimō, opprimere, oppressī, oppressum   I oppress

oppugnō, oppugnāre   I attack

optimus, -a, -um   very good, best

optiō, optiōnis, *m.*   orderly, junior officer

optō, optāre   I wish for, pray for

opus, operis, *n.*   work; fortification

   opus est mihi + abl.   I have need of

ōra, -ae, *f.*   shore

ōrāculum, -ī, *n.*   oracle

ōrātiō, ōrātiōnis, *f.*   speech

ōrātor, ōrātōris, *m.*   speaker, orator

orbis, orbis, *m.*   circle, globe

   orbis terrārum   the world

ōrdō, ōrdinis, *m.*   rank, line, order

Oriēns, Orientis, *m.*   the East

orīgō, orīginis, *f.*   origin

orior, orīrī, ortus sum   I arise, rise; I am born (from)

ōrnō, ōrnāre   I adorn

ōrō, ōrāre   I beg, pray

ōs, ōris, *n.*   mouth, face

ōsculum, -ī, *n.*   kiss

ostendō, ostendere, ostendī, ostentum   I show

ōtiōsus, -a, -um   at leisure, idle

ōtium, *n.*   leisure, idleness

ouis, ouis, *f.*   sheep

paene   nearly

(mē) paenitet + gen.   (I) am ashamed

pānis, pānis, *m.*   bread

parātus, -a, -um   prepared, ready

parcō, parcere, pepercī, parsum + dat.   I spare

parēns, parentis, *c.*   parent

pāreō, pārēre, pāruī, pāritum + dat.   I obey

parō, parāre   I prepare

pars, partis, *f.*   part

partēs, partium, *f. pl.*   political party

paruus, -a, -um   small

pāstor, pāstōris, *m.*   shepherd

pater, patris, *m.*   father

paternus, -a, -um   of one's father, paternal

patior, patī, passus sum   I suffer

patria, -ae, *f.*   fatherland

patrius, -a, -um   of one's father

patrōnus, -ī, *m.*   patron

paucī, -ae, -a   few

paulātim   little by little

paulīsper   for a little (time)

pauper, pauperis   poor

paupertās, paupertātis, *f.*   poverty

pāx, pācis, *f.*   peace

pectus, pectoris, *n.*   heart, breast

pecūnia, -ae, *f.*   money

pecus, pecoris, *n.*   herd, flock

Pedānus, -a, -um   of Pedum

peior, peius   worse

pellō, pellere, pepulī, pulsum   I drive

penātēs, penātium, *m. pl.* household gods

penitus deeply

per + acc. through, throughout

peragō, peragere, perēgī, perāctum I complete, accomplish, spend (of time)

percellō, percellere, perculī, perculsum I strike, distress

perdō, perdere, perdidī, perditum I lose, waste, destroy

perdūcō, perdūcere, perdūxī, perductum I lead, conduct

pereō, perīre, periī, peritum I perish, die

pererrō, pererrāre I wander through

perficiō, perficere, perfēcī, perfectum I carry out, complete

perīculum, -ī, *n.* danger

perītus, -a, -um + gen. skilled in

perlegō, perlegere, perlēgī, perlēctum I read through

perpetuus, -a, -um everlasting, perpetual

perrumpō, perrumpere, perrūpī, perruptum I break through

persequor, persequī, persecūtus sum I follow after, pursue

persōna, -ae, *f.* character

personō, personāre, personuī, personitum I sound through

persuādeō, persuādēre, persuāsī, persuāsum + dat. I persuade

perueniō, peruenīre, peruēnī, peruentum I reach

pēs, pedis, *m.* foot

pessimus, -a, -um very bad, worst

petō, petere, petīuī, petītum I ask, seek, pursue

philosophia, -ae, *f.* philosophy

philosophus, -ī, *m.* philosopher

pictūra, -ae, *f.* picture

pietās, pietātis, *f.* piety, goodness, loyalty

piger, pigra, pigrum lazy

pinguis, -e fat

pius, -a, -um pious, good, loyal

placet, placēre, placuit, placitum + dat. it pleases

    (mihi) placet it pleases (me) to; (I) decide

plānē clearly, extremely

plānus, -a, -um flat, level

plaudō, plaudere, plausī, plausum I clap, applaud

plausus, -ūs, *m.* applause

plēnus, -a, -um (+ abl.) full (of)

plērīque, plēraeque, plēraque very many, the majority

plērumque often, usually

plūrimus, -a, -um very many, most

plūs, plūris, *n.* more

poēma, poēmatis, *n.* poem

poena, -ae, *f.* punishment, penalty

poēta, -ae, *m.* poet

pompa, -ae, *f* procession

pōnō, pōnere, posuī, positum I put, place

pōns, pontis, *m.* bridge

populus, -ī, *m.* people

porcus, -ī, *m.* pig

porta, -ae, *f* gate

portō, portāre I carry

portus, portūs, *m.* port

poscō, poscere, poposcī I demand

possideō, possidēre, possēdī, possessum I possess

possum, posse, potuī I am able, I can

post + acc. after

posteā afterwards

posterus, -a, -um the next

posthāc after this, hereafter

postquam (conj.) after

postrīdiē the next day

postulō, postulāre   I demand

potēns, potentis   powerful

potestās, potestātis, *f.*

potior, potīrī, potītus sum + gen.   I
acquire, possess

potius quam   rather than

praebeō, praebēre, praebuī,
praebitum   I offer, give, show
mē praebeō   I show myself

praeceptum, -ī, *n.*   precept, advice

praecīdō, praecīdere, praecīdī,
praecīsum   I cut off, cut short

praedīcō, praedīcere, praedīxī,
praedictum   I predict, foretell

praeficiō, praeficere, praefēcī,
praefectum   I put x (acc.) in command
of y (dat.)

praemium, -ī, *n.*   reward, prize

praepōnō, praepōnere, praeposuī,
praepositum   I put before, prefer

praesēns, praesentis   present

praesidium, -ī, *n.*   garrison

praesum, praeesse, praefuī + dat.   I am
in command of

praetereā   moreover

praetereō, praeterīre, praeteriī/
praeteriuī, praeteritum   I pass, go
past; (of seasons) I am over

praeteritus, -a, -um   past

praetor, praetōris, *m.*   praetor

praetōrium, praetōriī, *n.*   the general's
headquarters

precēs, precum, *f. pl.*   prayers

precor, precārī, precātus sum   I pray

premō, premere, pressī, pressum   I press

prīmum (adv.)   first
quam prīmum   as soon as possible

prīmus, -a, -um   first

prīnceps, prīncipis, *m.*   chief, prince;
emperor

prīncipālis, -e   principal, chief

prīncipia, -ōrum, *n. pl.*   headquarters

prīscus, -a, -um   old, old-fashioned

pristinus, -a, -um   former, ancient

prō + abl.   in front of; on behalf of, for

probō, probāre   I approve of

prōcēdō, prōcēdere, prōcessī,
prōcessum   I go forward, proceed

procul   far from, far off

prōdō, prōdere, prōdidī, prōditum   I
betray

proelium, -ī, *n.*   battle

prōferō, prōferre, prōtulī, prōlātum   I
bring forward, bring out

prōficiō, prōficere, prōfēcī, prōfectum   I
make progress, accomplish

proficīscor, proficīscī, profectus sum   I
set out

prōgredior, prōgredī, prōgressus sum   I
advance

prohibeō, prohibēre, prohibuī,
prohibitum   I prevent

prōmittō, prōmittere, prōmīsī,
prōmissum   I promise

prōnūntiō, prōnūntiāre   I proclaim

prope + acc.   near

propitius, -a, -um   well-disposed,
propitious

prōpōnō, prōpōnere, prōposuī,
prōpositum   I put out, explain,
propose

prōpositum, -ī, *n.*   intention, plan

propter + acc.   because of, on account of

prōra, -ae, *f.*   prow (of a ship)

prōsiliō, prōsilīre, prōsiluī   I leap out

prōspectō, prōspectāre   I look out at

prōspectus, -ūs, *m.*   view

prōspiciō, prōspicere, prōspexī,
prōspectum   I look out at

prōsum, prōdesse, prōfuī + dat.   I
benefit

prōuectus, -a, -um   advanced

prōuideō, prōuidēre, prōuīdī, prōuīsum I foresee

prōuincia, -ae, *f.* province

proximus, -a, -um nearest, next

prūdēns, prūdentis sensible, wise

prūdentia, -ae, *f.* prudence, good sense

pūblicus, -a, -um public

pudor, pudōris, *m.* shame, modesty

puella, puellae, *f.* girl

puer, puerī, *c.* boy; child

puerīlis, puerīle of boys, childish

pugna, -ae, *f.* fight

pugnō, pugnāre I fight

pulcher, pulchra, pulchrum pretty, beautiful

pulsō, pulsāre I hit, knock

puluis, pulueris, *m.* dust

pūniō, pūnīre, pūnīuī, pūnītum I punish

pupa, -ae, *f.* doll

puppis, puppis, *f.* stern

pūrus, -a, -um pure, clean, unadorned

putō, putāre I think

pyra, -ae, *f.* pyre

Pȳthia, -ae, *f.* the priestess of Apollo

quī, quae, quod who, which

quia because

quid? why? what?

quīdam, quaedam, quoddam a certain, a

quidem indeed

quiēs, quiētis, *f.* rest

quiēscō, quiēscere, quiēuī, quiētum I rest

quīlibet, quaelibet, quodlibet anyone/ anything you like

quīndecim fifteen

quis, quid anyone, anything

quis, quid? who, what?

quisquam, quicquam anyone, anything (after a negatiue)

quisquis, quicquid whoever, whatever

quō? whither? where to?

quōcumque (to) wherever

quod because

quōmodo? how?

quondam once, some time

quoque also

quot? how many?

quaerō, quaerere, quaesīuī, quaesītum I ask; I look for

quaestor, quaestōris, *m.* quaestor

quālis, quāle? of what kind?

quam how (in exclamations); than

quam + superlative, e.g. quam celerrimē as quickly as possible

quamquam although

quandō? when?

quantus, -a, -um? how great?

quārtus, -a, -um fourth

quasi as if, like

-que and

queror, querī, questus sum I complain

querulus, -a, -um querulous

rāmus, -ī, *m.* branch

rapiō, rapere, rapuī, raptum I snatch, seize, steal

rārō (adv.) rarely

recēdō, recēdere, recessī, recessum I go back, retire

recipiō, recipere, recēpī, receptum I take back

    mē recipiō I retreat

recitātiō, recitātiōnis, *f.* recitation, recital

recitō, recitāre I read aloud, recite

reconciliātiō, reconciliātiōnis, *f.* reconciliation

reconciliō, reconciliāre I reconcile

rēctā (uiā) straight

rēctē straight, rightly

rēctus, -a, -um straight, right

recurrō, recurrere, recurrī, recursum I run back

reddō, reddere, reddidī, redditum I give back, return

redeō, redīre, rediī, reditum I go back, return

reditus, -ūs, *m.* return

referō, referre, rettulī, relātum I bring back; I report

    mē referō I go back

rēgia, -ae, *f.* palace

rēgīna, -ae, *f.* queen

regiō, regiōnis, *f.* region

regnum, -ī, *n.* kingdom

regō, regere, rēxī, rēctum I rule

regredior, regredī, regressus sum I go back

rēligiō, rēligiōnis, *f.* reverence, piety

religō, religāre I tie up, moor

relinquō, relinquere, relīquī, relictum I leave behind

reliquus, -a, -um remaining

rēmigō, rēmigāre I row

remittō, remittere, remīsī, remissum I send back

remoueō, remouēre, remōuī, remōtum I move back, remove

rēmus, -ī, *m.* oar

renouō, renouāre I renew

reparō, reparāre I restore, repair

repellō, repellere, reppulī, repulsum I drive back

rependō, rependere, rependī, repēnsum I pay back

reportō, reportāre I carry back; I win (a victory)

reprehendō, reprehendere, reprehendī, reprehēnsum I censure, blame

repudiō, repudiāre I reject, divorce

repugnō, repugnāre I fight against

rēs, reī, *f.* thing, matter

    rē uērā in truth, really, in fact

resistō, resistere, restitī + dat. I resist

respiciō, respicere, respexī, respectum I look back (at)

respondeō, respondēre, respondī, respōnsum I answer

respōnsum, -ī, *n.* answer, reply

rēspūblica, reīpūblicae, *f.* public affairs; the republic

restituō, restituere, restituī, restitūtum I restore

retineō, retinēre, retinuī, retentum I hold back

reueniō, reuenīre, reuēnī, reuentum I come back

reuerentia, -ae, *f.* reverence

reuertō, reuertere, reuertī, reuersum I turn back

reuertor, reuertī, reuersus sum I turn back, return

reuīsō, reuīsere, reuīsī I revisit

reuocō, reuocāre I call back

rēx, rēgis, *m.* king

rhētor, rhētoris, *m.* teacher of rhetoric

rhētorica, -ae, *f.* rhetoric

rīdeō, rīdēre, rīsī, rīsum I laugh (at)

rīpa, -ae, *f.* bank

rīsus, -ūs, *m.* laughter, smile

rīuus, -ī, m. stream

rōdō, -ere, rōsī, rōsum I gnaw, carp at

rogō, rogāre I ask, I ask for

rōstra, rōstrōrum, *n. pl.* speaker's platform

rubeō, rubēre I am red, become red

ruber, rubra, rubrum red

rūga, -ae, *f.* wrinkle

ruīna, -ae, *f.* ruin

rūmor, rūmōris, *m.* rumor, report

rumpō, rumpere, rūpī, ruptum   I burst, break

ruō, ruere, ruī, rūtum   I rush

rūpēs, rūpis, *f.*   crag, rock

rūrsus   again

rūs, rūris, *n.*   the country; *pl.*   estates
   rūrī   in the country

rūsticus, -a, um   rustic, country

Sabīnus, -a, -um   Sabine

saccus, -ī, *m.*   bag

sacer, sacra, sacrum   sacred, holy

sacerdōs, sacerdōtis, *m.*   priest

sacrificium, -ī, *n.*   sacrifice

sacrificō, sacrificāre   I sacrifice

saeculum, -ī, *n.*   generation, age

saepe   often

saeuiō, saeuīre   I rage

saeuus, -a, -um   savage

saliō, salīre, saluī, saltum   I jump

saltem   at least

salūber/salūbris, salūbris,
   salūbre   healthy

saluē, saluēte!   greetings!

salūs, salūtis, *f.*   safety; greetings

salūtō, salūtāre   I greet

sanguis, sanguinis, *m.*   blood

sapiēns, sapientis   wise

sarcina, -ae, *f.*   pack

satis + gen.   enough

saucius, -a, -um   wounded

saxum, -ī, *n.*   rock

scelestus, -a, -um   wicked, criminal

scelus, sceleris, *n.*   crime

schola, -ae, *f.*   school, schoolroom; lecture
   scholam habeō   I give a lecture

sciō, scīre, scīuī, scītum   I know

scītō!   know!

scrība, -ae, *m.*   scribe, secretary

scrībō, scrībere, scrīpsī, scrīptum   I write, I draw

secundus, -a, -um   second; favorable

sed   but

sedeō, sedēre, sēdī, sessum   I sit

seges, segetis, *f.*   corn crop

semel   once

semper   always

senātor, senātōris, *m.*   senator

senātus, -ūs, *m.*   senate

senecta, -ae, *f.*   old age

senectūs, senectūtis, *f.*   old age

senēscō, senēscere, senuī   I grow old

senex, senis, *m.*   old man

senior, seniōris   older, senior

sentiō, sentīre, sēnsī, sēnsum   I feel, realize

sepeliō, sepelīre, sepelīuī, sepultum   I bury

septimus, -a, -um   seventh

sequor, sequī, secūtus sum   I follow

sēriō   seriously

sērō   late

serpēns, serpentis, *m.*   serpent

seruiō, seruīre, seruiī, seruītum + dat.   I serve

seruitium, -ī, *n.*   slavery

seruō, seruāre   I save, keep

seruus, -ī, *m.*   slave

seuērus, -a, -um   severe

sextus, -a, -um   sixth

sī   if

sīc   thus, like that

siccum, -ī, *n.*   dry land

siccus, -a, -um   dry

sīcut   just as, like

signum, -ī, *n.*   sign, signal, seal

silentium, -ī, *n.*   silence

silua, -ae, *f.* wood, forest

similis, simile like

simul together, at the same time

simul ac/atque as soon as

simulō, simulāre I pretend

sine + abl. without

singultim sobbingly, haltingly

sinister, sinistra, sinistrum left

    sinistrā (manū) on the left (hand)

sinō, sinere, sīuī, situm I allow

situs, -a -um sited, positioned

sōbrius, -a, -um sober, sensible

socius, -ī, *m.* companion, ally

sōl, sōlis, *m.* sun

sōlācium, -ī, *n.* comfort

soleō, solēre, solitus sum I am

  accustomed to

sollicitō, sollicitāre I worry

sollicitus, -a, -um anxious

sōlor, sōlārī I console

soluō, soluere, soluī, solūtum I loose,

  cast off

sōlus, -a, -um alone

    nōn sōlum...sed etiam not only ...

    but also

solūtus, -a, -um loose

somnium, -ī, *n.* dream

somnus, -ī, *m.* sleep

sonō, sonāre, sonuī, sonitum I sound,

  resound

sonus, -ī, *m.* sound

sordidus, -a, -um dirty

soror, sorōris, *f.* sister

sors, sortis, *f.* lot, fate

spectāculum, -ī, *n.* sight, show

spectātor, spectātōris, *m.* spectator

spectō, spectāre I look at

spērō, spērāre I hope

spēs, speī, *f.* hope

splendidus, -a, -um bright, splendid

spolia, -ōrum, *n. pl.* spoils

squāleō, squālēre, squāluī I am filthy

squālidus, -a, -um filthy

statim at once

statua, -ae, *f.* statue

stō, stāre, stetī, statum I stand

statūra, -ae, *f.* stature

Stōicus, -a, -um Stoic

stringō, stringere, strīnxī, strictum I

  draw (a sword)

strēnuus, -a, -um energetic

strepitus, -ūs, *m.* noise, din

studeō, studēre, studuī + dat. I study

studium, -ī, *n.* study

stultus, -a, -um foolish

sub + abl. under

sub + acc. up to (of place); towards (of

  time)

subeō, subīre, subiī /subīuī, subitum I

  undergo

subitō suddenly

subitus, -a, -um sudden

sublātus, -a, -um past participle passive

  of **tollō**

succurrō, succurrere, succurrī,

  succursum + dat. I (run to) help

sūdor, sūdōris, *m.* sweat

suffrāgium, suffragiī, *n.* vote

sum, esse, fuī I am

summus, -a, -um highest; greatest

sūmō, sūmere, sūmpsī, sūmptum I

  take (up); I put on

sūmptuōsus, -a, -um costly,

  sumptuous

super + acc. above, over

superbus, -a, -um proud

superō, superāre, superāuī,

  superātum I overcome

supersum, superesse, superfuī I

  survive, am left over

superueniō, superuenīre, superuēnī,
superuentum   I come later, supervene

superus , -a, -um   above, on high

supplex, supplicis, c.   suppliant

supplicō, supplicāre + dat.   I beg,
supplicate, pray to

supprimō, supprimere, suppressī,
suppressum   I suppress

suprā + acc.   above

suprēmus, -a, -um   highest, last

surgō, surgere, surrēxī, surrēctum   I
rise, get up

suscipiō, suscipere, suscēpī,
susceptum   I undertake

suspiciō, suspicere, suspexi,
suspectum   I look up to or at

suspicor, suspicārī, suspicātus sum   I
suspect

sustulī   perfect of tollō

suus, -a, -um   his, her, their (own)

tabellārius, ī, m.   postman

taberna, -ae, f.   stall, shop, pub, bar

tablīnum, -ī, n.   study (the room)

tabula, -ae, f.   writing tablet

taceō, tacēre, tacuī, tacitum   I am silent

tacitus, -a, -um   silent

(mē) taedet, taedēre, taeduit + gen.   (I)
am tired of

taedium, taediī, n.   boredom

tālis, tāle   such

tam   so

tamen   (second word)   but, however;
nevertheless, still

tandem   at last

tangō, tangere, tetigī, tāctum   I touch

tantopere   so very, to such a great
degree

tantum   only

tantus, -a, -um   so great

taurus, -ī, m.   bull, ox

tēctum, -ī, n.   roof, house

tegō, tegere, tēxī, tēctum   I cover

tēlum, -ī, n.   missile, javelin

tempestās, tempestātis, f.   storm

templum, -ī, n.   temple

temptō, temptāre   I try, attempt

tempus, temporis, n.   time

tenāx, tenācis   clinging

tendō, tendere, tetendī, tentum   I
stretch

tenebrae, -ārum, f. pl.   darkness

teneō, tenēre, tenuī, tentum   I hold

ter   three times

tergum, -ī, n   back

terra, terrae, f.   earth, land

terreō, terrēre, terruī, territum   I terrify

territus, -a, -um   terrified, frightened

terror, terrōris, m.   terror, fear

tertius, -a, -um   third

testāmentum, -ī, n.   will

theātrum, -ī, n.   theater

timeō, timēre, timuī   I fear, I am
afraid

timor, timōris, n.   fear

titulus, -ī, m.   label

toga, -ae, f.   toga

togātus, -a, -um   wearing a toga

tollō, tollere, sustulī, sublātum   I raise,
lift

tot (indecl.)   so many

totiēns   so often

tōtus, -a, -um   whole

tractō, tractāre   I treat, handle

trādō, trādere, trādidī, trāditum   I hand
over

trahō, trahere, trāxī, tractum   I drag

trāiciō, trāicere, trāiēcī, trāiectum   I
throw across

tranquillitās, tranquillitātis, f.   calm

tranquillus, -a, -um   calm

trāns + acc.   across

trānseō, trānsīre, trānsiī, trānsitum   I cross

trānsferō, trānsferre, trānstulī, trānslātum   I carry across, transfer

trānsfugiō, trānsfugere, trānsfūgī, trānsfugitum   I flee across, desert

trecentī   three hundred

tremō, tremere, tremuī   I tremble

trepidus, -a, -um   anxious

trēs, trēs, tria   three

tribūnal, tribūnālis, *n.*   platform

tribūnus mīlitum   tribune of the soldiers

trīgintā   thirty

trīstis, trīste   sad

triumphus, -ī, *m.*   triumph

Trōiānī, -ōrum, *m. pl.*   Trojans

trux, trucis   savage

tū   you (sing.)

tueor, tuērī, tuitus sum   I protect

tum   then

tumultus, -ūs, *m.*   uproar, riot

tumulus, -ī, *m.*   mound, tomb

tunica, -ae, *f.*   tunic

turba, -ae, *f.*   a crowd

turris, turris, *f.*   tower

tūtus, -a, -um   safe

tuus, -a, -um   your

tyrannus, -ī, *m.*   tyrant

ūllus, -a, -um   any

uacuus, -a, -um   empty

uādō, -ere   I go

uagus, -a, -um   wandering

ualdē   very

ualeō, ualēre, ualuī, ualitum   I am strong, I am well

    ualē, ualēte   farewell

    ualēre iubeō   I bid goodbye to

ualidus, -a, -um   strong

uallēs/uallis, uallis, *f.*   valley

uāllum, -ī, *n.*   rampart

uānus, -a, -um   vain, empty

uātēs, uātis, *c.*   prophet, poet

ubi (conj.)   when; where

ubīque   everywhere

uehemēns, uehementis   violent

uehementer   violently, passionately

uehō, uehere, uēxī, uectum   I carry

uēla, -ōrum, *n. pl.*   sails

uēndō, uēndere, uēndidī, uēnditum   I sell

uenēnum, -ī, *n.*   poison

uenia, -ae, *f.*   pardon

ueniō, uenīre, uēnī, uentum   I come

uenter, uentris, *m.*   belly

uentus, -ī, *m.*   wind

uēr, uēris, *n.*   spring

uerberō, uerberāre   I beat

uerbum, -ī, *n.*   word

uerēcundus, -a, -um   shy

uereor, uerērī, ueritus sum   I fear

Vergilius, Vergilī, *m.*   Virgil

uersus, uersūs, *m.*   verse

uertō, uertere, uertī, uersum   I turn

uērum, uērī, *n.*   the truth

    rē uērā   in fact

    uēra dīcere   I speak the truth

uērus, -a, -um   true

uesper, uesperis, *m.*   evening

uester, uestra, uestrum   your (plural)

uestīmenta, -ōrum, *n. pl.*   clothes

uestis, uestis, *f.*   clothes

ueterānus, -ī, *m.*   veteran

uetō, uetāre, uetuī, uetitum   I forbid, order not to

uetus, ueteris   old

uexō, uexāre   I worry, annoy

uia, -ae, *f.*   road, way; journey

uiāticum, -ī, *n.*   fare

uiātor, uiātōris, *m.*   traveler

uīcēsimus, -a, -um   twentieth

uīcīnus, -a, -um   neighboring. near

uictor, uictōris, *m.*   victor

uictōria, -ae, *f.*   victory

uideō, uidēre, uīdī, uīsum sum   I see

uideor, uidērī, uīsus sum   I seem

uīgintī   twenty

uīlicus, -ī, *m.*   baliff, farm manager

uīlla, -ae, *f.*   villa, country house

uincō, uinere, uīcī, uictum   I conquer

uinculum, -ī, *n.*   chain

uindicō, uindicāre   I avenge

uīnētum, -ī, *n.*   vineyard

uīnum, -ī, *n.*   wine

uir, uirī, *m.*   man, husband

uīrēs, uīrium, *f. pl.*   strength

uirgō, uirginis, *f.*   maiden, virgin

uirīlis, uirīle   manly, of a man

uirtūs, uirtūtis, *f.*   virtue, excellence, courage

uīs (acc. uim, abl. uī), *f.*   force, violence

uisitō, uisitāre   I visit

uīsō, uīsere, uīsī, uīsus sum   I visit

uīta, -ae, *f.*   life

uītis, uītis, *f.*   vine staff

uītō, uītāre   I avoid

uitrum, -ī, *n.*   glass

uīuō, uīuere, uīxī, uīctum   I live

uīuus, -a, -um   living, alive

uix   scarcely

Vlixēs, Vlixis, *m.*   Ulysses (= Odysseus)

ultimus, -a, -um   furthest, last

ultiō, ultiōnis, *f.*   vengeance

ultrā + acc.   beyond

umbra, -ae, *f.*   shadow

umerus, -ī, *m.*   shoulder

umquam   ever

unda, -ae, *f*   wave

unde?   whence? from where?

undēuīgintī   nineteen

undique   from all sides

ūniuersī, -ae, -a   all

ūnus, -a, -um   one

uocō, uocāre   I call

uolō, uelle, uoluī   I wish, I am willing

uolō, uolāre   I fly

uoluō, uoluere, uoluī, uolūtum   I roll, turn over

uoluptās, uoluptātis, *f.*   pleasure

uōtum, -ī, *n.*   prayer

uōx, uōcis, *f.*   voice

urbānus, -a, -um   from the city

urbs, urbis, *f.*   city

urna, -ae, *f.*   water pot

ūsus, -ūs, *m.*   use

ut + indic.   as, when

ut + subj.   in order to (purpose); so that (consequence)

uter, utra, utrum?   which (of two)?
    utrum...an?   (whether) ... or?

uterque, utraque, utrumque   each (of two)

utinam + subj.   I wish that

ūtor, ūtī, ūsus sum + abl.   I use

ūua, -ae, *f.*   grape

uulnerō, uulnerāre   I wound

uulnus, uulneris, *n.*   wound

uultus, -ūs, *m.*   face, expression

uxor, uxōris, *f.*   wife

Credits